JN409209

오늘의문학시인선
446

# 첫눈

강헌규 제6시집

오늘의문학사

# 첫눈

## 수정 증보판을 편집하면서

2009년에 부족한 대로
6시집 『첫눈』을 발간하였습니다.
분주한 틈의 일이어서 오자, 탈자가 더러 보였습니다.
어려운 한자는 아예 빠져 있는데도
채움 교정을 보지 못한 사이에
시집이 세상을 떠돌아다녔습니다.

10년이 되었습니다.
문학을 연구하는 대학원생이
내 시집 전체를 1권씩 제공해 달라고 하였습니다.
여러 가지로 부끄러워서
먼저 수정 증보판을 발간하기로 하였습니다.
모두 바로잡은 후에, 필요하다면 드릴 셈입니다.

이렇게 애를 써도 부족한 것이 눈에 뜨일 테지요.
깨우쳐 주시면 다시 수정할 요량입니다.

서문

# 부족한 시집을 내면서 부끄러워서 드리는 말씀

모르셨겠지만 저는요 일란성 쌍둥이로 태어났어요.
어머니는 쌍둥이를 낳아 키우심을 모르고 계셨어요.
어머니 속으로 낳으셨지만요. 이적까지 보신 적이 없으시니까요.
그도 그럴 것이 쌍둥이인 저는 제 형의 몸속에 함께 있었으니까요.
저의 형은 똑똑하고 성실하고 정직하고 부지런하지요.
형만한 아우 없다는 말 있잖아요.
동생으로서 듣기 거북한 말이지만요.
저는요, 아둔하고도 작은 잇속에 꾀바르고 숫기 없고 게으르지요.
이 글은요, 쌍둥이 제 형의 몸속에 든 동생, 저의 용렬한 모습이지요.
제 형 속에 살면서 늘 이 못난 제가 밖으로 형 노릇을 하지요.
제 형의 생각으로 썼으면 더욱 훌륭한 글이었을 겁니다.
의젓한 제 형을 닮으려고 노력하겠습니다.
앞으로는 누구를 형이라 아우라 하지 않도록 애쓰겠습니다.
짚신장수 나막신장수 아들을 둔
어머니의 마음도 손가락도 그러하심을 제가 잘 알지요.

– 초판의 서문을 그대로 싣습니다.

## 목차

## 제2부

## 제3부

## 제4부

# 제1부

# 운동장으로 가야겠네

회색의 벽이라 하여 허물 수 는 없네.
휴식의 어머니
수면(睡眠)이 그 안에 있어서라네.
수면의 아버지
어둠과 정밀(靜謐)이 그 안에 있어서라네.
차광(遮光)의 까만 문을 열고 나가야겠네.

이젠 운동장으로 나가야겠네.
푸르른 질서가 있고
펄펄 뛰는 젊음이 있어서라네.
깨끗한 승부와 승복(承服)이 있는
그 곳 운동장으로 가야겠네.
찬탄과 갈채가 우레로 울리고
격려와 발분(發奮)이 사랑으로 익는 곳
그 곳 운동장으로 가야겠네.

음모와 질시의 이 방을 나가
햇볕이 축복으로 쏟아지는
젊은 운동장으로 가야겠네.

## 이젠 말을 해야지

이 외진 곳에서 돌아가면
이젠 더 망설이지 말고 말해야지.

용기가 없어서 못하던,
몇 해나 망설이다
그냥 떠나와
회환이 된 그 말을
비겁하다고 말하지 말라.

인종(忍從)의 유언(遺言)이다.

# 나의 수자리

아무도 기다리지 않는 나의 수자리
창과 방패 대신
날선 책들이
군병처럼 지켜 서 있는 나의 방
빛나는 자리에 있는 이들은
안 오는 방이다.

문을 열고 들어서니
후끈한 기운이
오늘 같은 날도
무엇 하러 오느냐고 핀잔을 한다.
밀고 들어와 앉으니
기다렸던 듯 변방의 일들이
순서를 모르고 매달린다.
훈장도 포상도
아예 기약 없는 바쁜 나의 수자리다.

해변에 가야만 짧은 바지냐
소금물에 대야에 발을 담가라.
진달래 먹고
물장구치던 어린 시절에…….

마음은 그래도 열이 닳아
가득한 대야의 물이 잦아든다.
긴 가뭄 끝에 내린
한 줄금 소나기에 괸 물 마르듯.

몸은 마음을 거역하여
바람에 마른 잎 눕듯 하면서도
먹어야 산다고
다 살려고 하는 게 아니냐고 하면서
때 되었음을 용케도 알린다.

시간은 몰래 줄달음쳐
해가 벌써 설핏해졌다.
염천 하루 내 쉰 바도 없는데
또한 이룬 바도 없다.
놀아댄 바와 무슨 차이가 있느냐.

# 소화불량증

남들은 쇠를 먹고도
남의 금쪽을 먹고도 끄떡없는데
나는 나의 식솔이 먹어도
괜찮은 음식을 먹고도 탈이 났다.
뱃속이 이러고도 세상을 살려니
머리가 힘들다.

화사한 해변에서는
전라의 몸매들이 물결을 흔들고
모터보트가 바다를 가르고 있다는데
내가 왜 이리 부끄러우냐.
어쩌자고 심통이 나느냐.

# 좀 지체된들 어떠리

몸이 마음을 안 좇는다.
사보타주를 한다.
가자 집으로.

마티재부터 속도를 늦추던 차들의 행렬
삽재 너머서
큰 사고 때문이란다.
빗길에 과속 탓이겠지,
종잇장처럼 구겨져
견인차에 실린 흑마(黑馬)
사람이나 안 다쳤길 바랄 뿐
저승길이 바로 달리는 길인 걸.

여전히 차들은 달리면서
잠시의 지체만을 탓한다.
지금 다친 이, 숨진 이는
그 '잠시의 지체'라도
그렇게 부러워하는 것을 모르고.

# 친구에게

친구가 대장이 되어
하늘에나 있는 별을
어깨에 여덟 개나 달았음을,
어떤 친구가 사업을 하여
사장이 되고 엄청난 돈 벌었음을,
어떤 친구는 벌써
고관대작이 되어
세상의 모든 사람이
모르는 사람 없음을,
내게 친구 잘 둔 자랑으로는 말하되
부러워하지는 마세나.

상사의 술 비위 맞추다
뜻 이룬 후 조금 이따가
죽어간 선배
말 잘하는 똑똑하고 지도력 있던 그가
벌써 죽었음을 잘 알면서 왜 그러나.

자네나 나는 쭈그렁밤송이
그런 대로 한 삼년 가는 것으로나
복으로 여기세.

눈빛 영롱한 저들에게나
마음을 두세.
우리는 결코
철없는 어린 것들 앞에 선
슬픈 피에로가 아닐세.

# 혼자만의 불안과 상쾌

땀을 소나기로 맞은 후
물 소나기를 맞으니 제 격이다.
아마존강 유역의 그들을 부러워하다가
보숭보숭한 아래 위 겉옷만 입었다.
이 헐렁한 자유를
불안 속에 혼자 즐김이 죄스러워
지퍼와 단추를 자꾸 다독거렸다.

스스로 위안하여
저기 가는 신사들도
아까 달리기하였음을 생각했고,
저기 오는 아름다운 숙녀들도
자유의 노브라(no bra)에
노팬티즘일 것이라고 생각했다.

# 나

지표(地表)에서의 삶이
짐짓 바쁨으로 치달음은
지하에서 흐르는
그리움의 도도(滔滔)한
강물을 감추기 위함인가?

뿜어 올려 분수를 만들까
댐을 만들까
황량한 내 마음의 꽃밭에나
흠뻑 물을 줄까?

인생은 제가 희곡을 쓰고
연출하고
저는 못 보는,
차지하는 자의 무대라고
남에게는 설법하고는
제 무대에서는
용기 없는 사람 나.

## 첫눈

늦가을 비ㄴ가
초겨울 비ㄴ가가
밤손님처럼 왔다가

오뉴월 백사장에 내린
이슬비처럼 잦아들면
첫눈인가
이듬 눈인가가
첫사랑처럼 다가와

싸한 아픔으로 반
숨은 슬픔으로 반
아직도 파고든다.
이 시린 가슴을.

# 저토록 아름다움을 보면

저토록 눈부신 아름다움을 보면
눈물이 나도록 슬퍼집니다.
모든 아름다움은
여름날 아침 이슬처럼
곧 스러지기 때문입니다.

저토록 눈부신 아름다움을 보면
땅이 꺼지도록 절망합니다.
저 슬픈 박명(薄命)을
더불어 울어 줄 이가
가까이에 없기 때문입니다.

저토록 눈부신 아름다움을 보면
차라리 눈을 감습니다.
말 못하는 글로라도 바꾸어
사랑하는 그이에게
보낼 길 없는 이 아름다움은
아무런 의미도 없기 때문입니다.
사진은 사진(寫眞)이 아닙니다.
저토록 눈부신 사랑
천 년을 갈 듯한 사랑을 보면

헛헛허 웃음이 나옵니다.
내 웃음이 끝나기도 전에
허니문 도중에 헤짐을 안고
돌아옴을 보았기 때문입니다.

세상에 변하지 않는 것은 없다란 말 외엔
변하지 않는 것은 없다니,
세상에.

# 2017. 1. 1. 01. 10. 새날에

이 환희를 어떻게 말해야 하나요?
삼백 예순도 넘는 날의 작심삼일을 생각하면
이젠 후회도 지쳤습니다.
그래도 꿈은 꿈으로 채워야지요.

겨우 감춘 회환(悔恨)을
화려한 꿈으로 포장하여
또 세속의 욕망을 좇아
이 포만(飽滿)의 날들을
주림으로 채울 것인가?

그리하여
다시 이 해의 끝자락에 서서
후회라도 함을
아주 크신 은총으로 여길 것인가?

# 나무의 그리움

야트막한 산 산책로 가에
아늑한 벤치가 그늘 아래 누워 있고
나무들은 우쭐우쭐 솟아올라
키 자랑을 하고 있다.

그들은
어느 나라 궁전 앞 근위병처럼
부동의 자세로
하루 종일 일 년 사시장철(四時長-)
표정 없이 서만 있는 줄
나는 알았다.

붓끝처럼 연하고
뾰족한 우듬지는
하늘에 그림을 그리면서
위로부터 시작하는
우아한 춤으로
바람을 흔들고 있었다.

저기 멀리
겨레 나무 가까이로 다가가
그녀 고운 볼에 볼 부비고 싶지만
막아 선 등성이의
거센 목책(木柵)보다
건너야 할 깊은 강보다
마음 속 걱정은
너무 많은
제 몸의 거센 가지였다.
기어서라도 다가가고 싶은
산 너머 그녀 나무는
멀리 멀리서
서만 있고.

# 정적(靜寂)

꽃바위 말 못하는 아저씨가
새끼 밴 소를 몰고
달랑달랑 들길을 지나
깊은 산골로 접어들고 있었다.

때는 새들도 잠든 자정 무렵
곳은 애장[兒葬]이 많아
여우가 자주 나오고
늑대도 어슬렁거리는
서낭댕이 너머 후미진 산골짜기
음풍이 휘익 몰아치고 있었다.

겁 많은 암소는
방울 소리도 죽여
굽을 밀어 디디고
눈이 커 겁이 많은
꽃바위 말 못하는 아저씨도
숨죽여 따라가고 있는데
하늘엔 별만
초롱초롱하였다.

# 그리운 시절

목욕시켜 주시다
옆구리만 살짝 스쳐도
빨간 혀끝을 말아 안으로 넣고
통통한 두 무릎을 오므리고
자지러지게 깔깔깔 웃던 시절이
내게도 있었지.

냇가에서 멱 감다가
비누 거품만 보아도
간지러워 벌컥 화를 내던
그런 기백이 내게도 있었지
먼 데서 닭이 울면
어머니 지어 주신 새벽밥을 싸들고
풀숲 이슬에 바짓가랑이 젖는 줄 모르고
가방 들고 단어장 들고
걷다 뛰다 학교 길을
내달리던 때도 있었지.

지금은 죽은 남의 사람
속만 태우던
사랑하던 그녀도 있었고

꿈을 좇아
남의 나라를 헤매기도 했었지.

이젠 꿈을 재우며
사랑을 식히며
돋보기를 찾아 걸치고는
먼지 앉은 책을 뒤적이다
청운의 꿈을 가방으로 메고
교문을 들어서는
학생들의 힘찬 발걸음을
부질없는 마음으로
내려다보고 있지.

# 가을

우악스러운 계절이
미운 손님처럼 더디게도 가고
속이 가득 사려 깊은 새침데기
계절이 볼 붉히며 다가왔는데도
나는 손이 부끄러워
멈칫거리고 있다.

스쳐간 생애
화려한 계절들을
헙헙하게도 보내놓고는
이제 몇 번이나
만나볼까
인색하게 세어 본다.

# 가을에

가을이 가을을 맞이하니
참빗질하여 비낀 가을볕도
어룽어룽하여
옛 가을답지가 않다.

봄이 봄을 맞아
희뜩번뜩하며
샘내는 것과는 다르다.

어느 가을이나 봄치고
파란 불이 일도록
서로 시새움하지 않는
착한 계절은 없는가?

# 바람 부는 날에

바람 부는 날 나 산에 올랐네.
하늘로 솟아오른 나무들이
예의 바르게 비켜 서준 길
숨차게 오르다 벤치에 앉았네.
활엽수의 잎들
윤기(潤氣)를 자랑하면서 하늘거리고
침엽수의 잎들
휘파람 소리를 내면서 살랑거리고
우듬지에 가까울수록
가지들은 용솟음치듯 춤추고 있었네.

아득히 하늘로 솟아오른
우람한 둥치를 보다가
커튼을 내리듯 눈을 내리며
해묵은 밑둥은
요동하지 않으리라고 생각하였네.
그들도 크게
유동(流動)하고 있음을 보았네.
우아하게 몸통조차 비틀고 있음을 보았네.

잎을 매단 가지를,
가지를 부여잡은 줄기를
몸통에 대못질한 철부지 가장이를 보았네.
저 거창한 식솔을 거느리면서
인종(忍從)의 종점에서 흐느끼는
의젓하고도 아픈 흔들림은
나를 슬프게 하였네.

그들 연륜은
그래도 요동하지 않으리라고
기대하였기 때문이네.
마천루(摩天樓)가 온전하려면
요동을 허락하여야 함을
몰라서가 아니라네.

# 우중산책(雨中散策)

산을 오르며 내리며
내리며 오르며
부산한 만남이 멈춘
우중(雨中) 오후.

번잡을 꺼려
호젓함을 보채더니
받쳐 든 우산 위에
툭 투둑투둑 툭
인환(人寰)을 벗어난
그새를 못 참고
기척인가 반기어
속고도 또 돌아본다.
나뭇잎 빗물도 무료하셨던가?

숨차 오른 길에
고개를 돌리니
저기 두꺼비도
헐떡이며 나를 본다.
너도 헐떡 힘드니?
나도 헐떡 숨차 힘든다.

## 맹물이 자랑스러워졌네

내 가까운 이가
날 맹물이라 부를 때
나 아무 말도 못 했지만
속으로는 많이 야속했었네.

어떤 시인이
자기는 맹물이기를
평생 소원이라 함을 듣고
나는 일찌감치
맹물이라 불리고 있음이
속으로 자랑스러워졌네.

# 시골 사람의 푸념

큰 도시 가멸진 사람들이
떼를 지어 달려왔네.
이곳이 아름다워서
보고 싶어 한걸음에 달려왔다네.
(그렇게 보고 싶었으면
왜 이제 와.
그렇게 아름다우면
아예 살도 섞고
눌러 살 일이지
왜 가.)

(나도 사람들 모아
떼를 지어
그곳 도시로 달려갈 거다.)
그들은 나 사는 곳으로 올 때
아무 것이나 걸치고
화장기 없는 얼굴로 내려왔지만
나는 새 옷 맞추어 입고
칠보단장하고 가야겠네.
매연을 향수로 마셔서
단풍이 일찍 아름다운 가로수와

소음 가득한 공기도 상쾌하고
사람들은 아무렇지도 않게 꾸며도 멋있고
쌀방개 같은 승용차들은
현미경 속 정자(精子)처럼 흐르는 그곳으로.

이 큰 도시가 아름다워서
보고 싶어 한걸음에 달려왔다고.
십자로 복판에 서서
큰 소리로 허풍을 떨어보아야겠네
나 그리로 가면
그들 이곳 왔을 때
없는 살림에 그들 반겼던 것처럼
그들도 날 반겨 레스토랑으로 달려갈까?

# 범용(凡庸)

나 두어 잔 술 좋아하지만
술 마신 김에 통쾌하게
망나니짓 한번 못해 보고
그 좋아하는 축구
월드컵 결승 게임 표를 사려고
밤새워 줄도 못 서보았네.
그렇다고 범생이 소리도 못 들어보았네.

나 그 나긋나긋한 여자
예쁜 여자는 분수도 모르고 좋아하지만
오토바이 꽁무니에 그 매달고
큰 거리 폭주(暴走) 한번 못해 보고,
소설 속 이야기처럼
불같은 사랑의 도피행각 한번 못해 보고
가슴만 태우다 말았지.
젊은 날 가장 큰 시련(試鍊)인
실연(失戀)이나 당하고 말았지.
그렇다고 군자 소리도 못 들어보았네.

나 세상 사람들이 다 좋아하듯
가진 사람들이 더 밝히는,

갈라져 날름거리는
꽃뱀의 혀 같은 돈 나도 좋아하지만
죽기 살기로 벌려고도 못했고
로또 복권도 두어 번 사다 말았네.
그렇다고 나보고 누구도
청백리라고 하지도 않데 그려.

나 교도소에 갇혀 보기는커녕
경찰서 유치장에서 하룻밤도 못 자 보았네.
몸[身], 입[口], 뜻[意]이 착해서가 아니라네.
몸으로도 나쁜 짓 많이 했는데
착한 이들이 눈감아 주었을 뿐이고,
입으로도 죄스러운 말을 많이 했는데
착한 이들이 못 들은 척했을 뿐이고,
마음속으로는 못된 짓 많이 했는데
행동으로는 옮기지 못했을 뿐이라네.
나의 착한 마음 덕 아니라
나의 겁 많음 때문이었네.
그래서 선철(先哲)이 말하였나?

선인(善人)이란
악인이 현실에서 행한 일을
꿈속에서나 행하는 이라고.

# 마로니에

우리 젊은 날
이 나라에 오직 두 그루밖에 없다고 하여
손잡고 이 나무 아래 거닐었네.
수위 몰래 잎을 따서
사랑을 감추듯
책갈피에 큰 잎을 감추었었네.

서툰 사랑으로 재가 된 첫사랑
성공한 첫사랑을 보면
심술이 나다 못하여 배가 아파 말한다.
저것은 예외다
아니다 거짓말이다
거짓이 아니면, 귀신이 저주하여
둘 중 하나는 일찍 죽는다.

그 아픈 사랑을 못 잊어
회초리 두 그루 사다 심었네.
캠퍼스 공터에 심었네.
도서관 짓는다고 불도저가 밀어붙여
그도 무슨 조짐인지
한 그루만 살아남았네.

# 서울 아씨와 시골 총각의 만남

불원천리(不遠千里)하고 찾아온 서울 아씨를
학수고대(鶴首苦待)하다 만난 시골 총각의 마음
뜻 모를 이야기만 재잘거리는 서울 아씨 앞
어렵사리 마주앉은 시골 총각의 소찬(素饌)자리
화제는 짐짓 임의롭게 앉은 옆 사람으로만 흐르는데
건너편 서울 아씨는 눈길 한 번 안준다.

어둡지도 않은데
밥이 코로 들어가는지
입으로 들어가는지 모르던 총각은
앞 사람에게
마음에도 없는 말을 하다가
열없어
소주잔만 들이밀면서 혼자서 속으로 하는 말이다.

서울 아씨는 부끄럼도 안 타는 줄 알았어.
그러면 무슨 서울 아씨여.
밥이야 소주야 어디 가면 없어
살아생전에는
다시 못 만날지도 모를 자리에서
손도 못 내미는

서울 아씨가 어디 있어.

숙녀에게 시골 총각이
어떻게 손을 잡자고 햐
그러고도 아씨가
무슨 개명(開明)한 서울 아씨여?
서울은 언제 오느냐고 왜 물어?
서울 가면
서울 사람 시골 구경시켜 주려고?

## 풀장에서의 우화등선(羽化登仙)

나락(奈落) 가까운 땅 깊은 속
질긴 인욕(忍辱)의 세월을 지나
매미는 우화등선을 한다고 하였다.[1)]

어렵사리 재계(齋戒)한 몸을
훌훌훌 벗어던지고
쏼쏼쏼 소나기로 씻어내렸다.
누가 볼세라,
볼세라 누가,
부끄리며 부끄리면서도
골골샅샅이 씻어 내렸다.
다시 부끄러움만 가렸다.

남녀칠세부동석이
개구리를 배워
풍덩 뛰어든 물속에선
핑계가 좋아
머리칼도 눈도 가리고
귀도 막았다.

---

1) 털매미는 4년, 유시매미 · 참매미는 7년, 아메리칸 매미는 13년 혹은 17년 땅속에서 지내야 성충이 된다고 한다.

저기 청춘을 봐라
물이 달려와 몸을 스쳐가는가,
몸이 달려가 물을 지쳐가는가,
머리와 목은
우화등선을 못 잊어
솟았다 숙고
숙었다 못 잊어 솟는다.

진수성찬도 배부르면 소찬(素饌)
알맞은 피로가
평강공주를 물위로 솟게 하니
배에 임금왕[王]자를 새긴
영민(英敏)한 온달도 뭍으로 나선다.
아름다움이 부끄러움인가?
아쉬운 아름다움을 재촉하여
제 깃털 무리 속에 숨는다.

다시 정갈한 물로 씻어
벗어 놓은 허물 속에
보물을 싸듯 감추듯 담는다.
햇빛도 부끄러워라
마지못해 담는다.
보물은 감추어야 보물이 된다.
허물 속에 숨겨야

험한 세상에 살아남는다.
윤기 흐르는 머리칼 속에
홍조 띤 볼을 감춘
평강공주는,
오늘따라 더욱 넓어
한결 푸근한
온달의 우악스러운 품에 안긴다.

# 제2부

# 규성이 친구

한 세상을 곱게도 살아온
요새처럼 험한 세상에서
드물게 깔끔한 친구
집과 학교만을 생각하며
밝은 희망으로만 살아온 사람
5년 있으면 환갑인데
아직도 동안(童顔)인
활짝 웃으면 더욱 동안인 사람
그 흔한 화투놀이 고스톱도 몰라 부끄럽긴
나도 한 통속이라네.
술 한 잔에 홍조 띤 얼굴
나이 들어 책임 안 져도 될
티 없는 얼굴
고이 간직하시오라
평생 간직하시오라
일신의 위험 무릅쓰고
제자의 목숨 구해낸
그대의 용기와 사랑
부디 영광 있으시라.

# 폭행죄로 갇히는 청년을 보고

우리 집 나의 아들
남을 치고 속 썩이는 것보다
못난 다소곳함이 오늘 고마웠다.
놀다가 맞고 들어올 때
날 닮아 그렇다고 눙쳤었다.
상한 마음을 달래려고
짐짓 하는 말이었다.

얼렁뚱땅도
설레발 칠 줄도 모른다.
샌님 아비에 샌님 아들
맞은 사람은 발 뻗고 자도
때린 놈은 오그리고 잔다는
할머니 말씀이 들린다.

## 강귀수 교수님

젊은 시절에는
기타도 잘 켜고
춤도 잘 추는 야구 선수
이 빠진 사자
발톱 무디어진 호랑이.

나이 들어 몸이 쇠함은
천지자연의 이치라지만
기개는 이팔청춘.

와삭와삭
상추쌈을 들고 싶다는
가시기 전 마지막 말씀에
가슴이 찡한 웃음을 울었다.

# 지갑을 잊고서

지갑 챙김을 잊은 줄 알고서야
너의 힘을 알았다.
내가 나임을 증명할 수 없고
네가 주지 않고서는
내게 아무 힘도 없었다.

신용으로 애걸하니
어제 친구가 남이 되데 그려.
달랑거려 귀찮았던 동전이
오늘 이렇게
선심을 쓸 줄이야.

# 연구실에서

써야 할 글빚이 많다.
애써 생각해 낸 것
날 살펴준 이들의 덕으로
생각해 낸 것
빚을 갚는 마음으로 써야 한다.
이 생각 쓰지 않고 스러지면
글빚마저 지는 것.

이 생각들이
우주선을
핵폭탄을 만드는 것은 아니라는 것
지도를 변경하는 것도 아니라는 것
그것은 나도 안다.

# 새끼 염소를 보고서

산사(山寺)에서 내려오다가
새끼염소를 보았다.
매해해 매해해
어미 기루어 섧게 울면서라도
어서 커라
부지런히 커라
서러운 새끼 염소야.

늦가을 시든 풀 오물거리며
섧게 우는 아기 염소야
도회지 젊은 양반
보약 해주게 어서 커라.
알량하기도 한 서방은
젊은 계집에게 기운 다 주고
혼마저 빼앗겨
명 재촉을 하도록.

쫓기는 자도 쫓고
쫓는 자도 쫓기다가
짧은 한 생애가 가는 것
가서 스러지는 것.

## 낙엽

저 고즈넉한
순수의 추락(墜落)을 어쩌지?
밟기는 정녕 너무 고와서 잔인하고
쓸어버리기는 그 정성이 죄스러워라.
명명(冥冥)한 땅 깊은 곳에서 솟아올라
위태위태한 가지에서
하고 한 날 우듬지에서
메아리 없는 깃발로 나부끼다 지쳐
회귀(回歸)의 본능으로 돌아와
이젠 누우려 한다.
휴식은 어디에도 없어
바람이 휘익 헤살 놓아 몰려간 곳에는
도무지 운신(運身)할 틈도 없다.

누가 마련한 지도 모를
광(壙)에나 어서 누워야
세상사(世上事) 모두 모를 안식(安息)의
긴 겨울잠 한번 누려볼까
돌아올 봄의
앳된 부활을 위하여
화려한 외출을 위하여.

# 안 보면 잊는가

아니 보면 잊는다 하더니만
소식 뜸한 사연은
바빠설까
'가신' 마음 탓일까?

못 보아도 안 잊는다 하더니만
소식 뜸한 연고(緣故)는
무소식이 희소식이란가,
곧 돌아온단 '늦' 이러신가?

아니 보아도 못 잊는다 하더니만
소식 뜸한 사연은
애를 태우다, 태우다
애가 삭아선가,
애를 삭여선가?

아니 보아도
마음이 지척이면
천 리도 지척
보아도
마음이 천 리면
지척도 천 리라 했는데.

## 不喩 見免 忘隱如[2)]

– 阿友叱 吳部 沙伊叱 阿友叱 吳部 馬因度 –
(Out of sight out of mind)

不喩 見免 忘隱如 爲如尼馬於隱
音信 隔限 事緣隱
忙婆設可
更崖隱 心音 所由逸可.

不可見阿度 不喩 忘隱如 爲如尼馬於隱
音信 隔限 緣故隱
無音信伊 喜音信伊與先可
卽 還阿 來隱段 徵伊如賜隱可?

不喩 見阿度 不能 忘隱如 爲如尼馬於隱
音信 隔限 事緣隱
腸乙 焚宇如 焚宇如
腸可 鑠阿先可
腸乙 鑠與先可

不喩 見阿度
心音伊 咫尺是免
千里度 咫尺
見阿度
心音伊 千里免
咫尺度 千里如 爲叱隱代.

---

2) 앞의 한글로 쓴 시 '안 보면 잊는가'를 향찰 즉 향가식으로 필자가 옮긴 것임.

# 두려움과 연민(憐憫)

화를 냄은
두려워함의 징표라데.
나 혈기(血氣) 방장(方壯)하던 시절에
대중탕에 가면
호랑이 곶감보다 두려운 둘이 있었네.
따끈한 소나기와 함께 다가오는
손에 든 비누와
뭇 시선이었네.

이제 내겐
가여움만 둘 남았다네.
뭇 시선은커녕
밥상 위의 반찬도 흐릿한 눈과
주인의 말도 안 듣고
장비같이 화도 잘 내던,
늘 고개 숙여 얼굴도 잊은
여전히 말도 안 듣는
그의 추레한 모습에 대한.

# 함묵(緘默)

이렇게 불면의 밤을 지새우면서
골백번 예비해 간
말마디 하나는커녕
입도 벙끗 못하고
나 추레하니
그대 앞 물러나왔네.

그러려거든
'사랑한다'는 말은커녕
생각도 못 하게나 하시지
아예 말게나 하시지.

이젠 함묵으로 쌓아온
이 생애가 가여워
세상 마지막 순간에는
그대 무릎 앞으로 달려가 쓰러지리.
그때나 아시려나 모르시려나
내 서러운 생을.

나 그때는
그대 무릎 앞으로 달려가
쓰러지고 말리.
통곡의 함묵으로
쓰러지고 말리.

# 민들레 그리고 풀과 나무에게

– 아무리 불러도 네가 대답 않는 이유는? –

방자(放恣)하고도 발칙하게
우리가 이름 지어 부친
'민들레'가 아니라,
너의 아버지 어머니가 부르는 이름,
네가 바로 너라고 하는 이름을
알고 싶었다.

이름으로 아니라
너 바로 너를 불렀다면
맑게 갠 보름밤
달덩이 같은 고운 얼굴로,
봄바람 앞 처녀의 치마폭처럼
이파리 팔락팔락 날리며
실뿌리째 쏘옥 뽑아 하늘하늘
꾀꼬리 그 목소리보다
더 상냥한 대답을
메아리로 하여 달려와
내 품에 포옥 안겼겠지?

'민들레' 너를
그렇게 목메어 불렀어도
대답은커녕
눈길 한번 주지 않았던 속은
우리가 너를 부르는 이름 '민들레'가
너의 집에서 부르는 이름
본명(本名)이 아닌 때문이었지
그렇지?

# 이젠 떠나야 한다

우리는 떠나야 한다.
이 눈치 저 눈치 볼 것 없이
일어나 떠나야 한다.
성공한 곳에서라도 오래 머물면 안 된다.
뜻을 이루지 못한 곳에서는
더욱 떠나야 한다.
붙잡을 때 떠나야 한다.

나이 들어
발걸음 뗄 수 없으면
다시 걸음마 배워서라도
누운 자리 박차고 일어나야 한다.
소매를 부여잡는 이 아무도 없다.
바람이 쌩쌩 일도록
결연히 일어서 걸어 나가야 한다.

배웅하는 이 없어도
두둑한 노자(路資) 없어도
우리는 떠나야 한다.
모두들 떠나가지 않았느냐,
가야 할 곳이 있어야만 하느냐,

행선지를 어디 알아야만 하느냐,
누군들 알고 떠났느냐?

들고 떠날 수 있는 것만이
숨 거두기 전 너의 것이다.
꿈쩍도 않는 고대광실도
애써 모은 누만금(累萬金)도
이젠 너의 것이 아니다.
모두 떨치고 숲으로 가야 한다.
아직 살아 있으면
너의 짝은 부축하고서라도
떠메어다 버리기 전에
숲으로 가야 한다.

## 모르겠어요

도무지 모르겠어요.
다랑논이지만 고래실논
인두배미, 버선배미, 수렁배미
기르던 개와 바꿨다 하여 개논
하도 커서 논 갈러 들어가서
둔전둔전하여 둔전가리
골고루 층층으로
제상(祭床)의 다식처럼 괴어 있던 곳
가을이면 황금빛 벼이삭이 물결치고
메뚜기 이슬개미에 뒤뚱거리던 곳.

옛 선비들 북두성 북극성 바라보듯
고개를 치어들고 보다가
층층층 층수를 세어본다.
하나 둘 셋 넷 …… 열일곱 열여덟
센 층을 또 세었구나
둘 넷 여섯 여덟 …… 열여섯 열여덟 스물.

무슨 힘이 있어
생혼(生魂)이 있어
각혼(覺魂)이 있어

이 깊은 골짜기에
저 높은 콘크리트 집들을 세웠나
저 높은 아파트가 솟아올랐나.
편도 삼차선의 길이 좁다 하고 달리는
쌀방개 같은 세단들에게 물어 보아야겠다.

저곳 어디에
저녁 먹고 어스름에
친구 집 밤마실 가던 오솔길 있었나?
어디가 어딘지
마을 어귀에 서 있던
홰나무 둥구나무는 어디로 팔려 갔는지
우리 집 자리는 어디
우리 논 자리는 어디
소꿉친구들은
살았는지 죽었는지.

# 좋은 세상 턱없는 꿈

극빈자와 노숙자가 백악관 침실에서
백만장자들의 별장에서 뒹굴고
대통령과 보좌관들 각료들 그리고 백만장자들은
빈민굴, 역 대합실에서
먹고 자고 집무하고
극빈 맞고 기업하는 세상
이 아니 신나고 즐겁지 않겠는가?

오뉴월 불볕 더위에
시원한 눈 내려
곡식과 목초 안 다치면서도
병약한 이들의 열사병 막아 주는 그런 하늘이면
이 아니 신나고 즐겁지 않겠는가?

영웅호걸은 추녀 악녀를 사랑하여 해로(偕老)하고
가난에 찌든 범부(凡夫) 병객(病客)이야
며칠만이라도 단 며칠만이라도
오드리 햅번, 마릴린 먼로, 서시 혹은 양귀비와
좀 살면 안 되나, 살면 좀 안 되나
여난(女難)의 걱정
남난(男亂)의 시름도 없을 것이니

이 아니 신나고 즐겁지 않겠는가?

천하를 호령하는 영웅호걸은
자상하고 부드럽고 예술애호가이고
절세의 미인, 나라를 기울일 미인은
검소하고 겸손하고 상냥하여
힘없는 자 쓰러져 가는 이를 사랑하고
학자 시인은 대담 헌걸스럽고
강대국 초강대국은 천지의 운수를 알아
훗날 약소국으로 전락한
그 날의 신세를 생각하여
염량세태를 생각하여,
지금 공명정대하고 부드러워
약탈해 가져다가 가득히 전시해 놓은
박물관의 국보들을 자청하여 돌려주고,
약소국은 떳떳한 말 다 해도
부끄럽지 않은 일 다 해도 후환이 없으면
이 아니 신나고 즐겁지 않겠는가?
이 어찌 신나고 즐겁지 않은 세상이겠는가?

# 좌고우면(左顧右眄)

젊은 날
죽고 못 살던 사이
목 타게 기다리던
한두 점 시간과 견주어 보라.
그대 생애가 잠깐이라고만 할 것인가?

짧지 않은 그대 생애에서
사는 것처럼 살아본 날을
기활 좋게 살아본 날을
그대 삶의 장기에서 뽑아보렴
그대 위해
정려문 · 송덕비 세워줄 아무도 없네.
입각(入閣)을 위해 청문회 설 날도 없네.

세상의 기미(機微)는커녕
눈치도 모르고 살아온 세월에서
어중간한 생애를 살기도 힘겨워
가자미눈에 옥수수 귀만 키웠네.

남들은 모두
뒷글 배워 말글로
떵떵거리면서 사는데
두리번거리다
이리 어지러운가, 나만
나만 이리 어지러운가?

# 대죄(待罪)

4.19 학생의거(學生義擧) 때
권력자 모씨(某氏)의 집에서 나온
수박 등 청과를 보고
가난하고 힘없는 우리들은 흥분했다.
호사(豪奢)를 극한 영화에 분노했다.

청과시장에 가보면
삼동(三冬)에도
못 먹을 여름 청과가 없다.
제철 청과만 겨우 먹은 이 있으면
오늘 우리도
그들에게 곤장을 맞아야 한다.
엉덩이를 까 내리고 대죄(待罪)해야 한다.

고속도로 처음 놓는 것 반대하던 이
고속도로 누워 있으니 다행이지
세워 있으면
와우아파트 뒤를 따랐을 것이라고
말재주 부리던 이,
길 닦아 놓으니 용천배기 먼저 지나가듯
아예 고속도로 위에 사는 그들

험한 길 닦기만 하다가 숨진
저 위령탑 꼭대기의
원혼들을 달래기 위해서라도
그들을 고급 세단 속에서 끌어내어
볼기를 쳐야 한다.
고속도로 위는
못 다니게 해야 한다.
비행기도 못 타게 해야 한다.
달려 나가 떠오른
활주로는 누가 닦았는데.

## 너무 미워하지 마세요

나를 너무 미워하지 마세요.
나를 위해서 하는 말이
천만 아니어요.
나를 너무 미워하던 이는
다 죽어갔음을 보았어요.
나에게 쏘아대던 크나큰 미움이
부메랑 되어 날아간 것이지요.

살고 싶으면
몸 성히 오래 살고 싶으면
나를 너무 미워하지 마세요.
겁주는 말이 아니어요.
그대를 위해
진정으로 일러 주는
큰 비밀이어요.

묻겠지요.
그대 어버이는
누구를 미워하다가
가셨느냐고요?
나를 너무 사랑하다가 가셨지요.

또 묻겠지요?
그대는 누구를 미워하다가
가겠냐구요?
그렇게 캐묻는
당신이 참 밉군요.
또 묻겠지요?
안 죽고 몸 성히 오래 사는 묘방은?
너무 사랑하지도
미워하지도 않는 것
먹지도 마시지도 않으면서요.

## 싸우면 싫어요 · 싸움은 싫어요

반사이익(反射利益)으로만 살아온 사람
부끄러운 사람 여기 있습니다.

그대들 싸움의 덕으로
받기만하고 살아온
부끄러운 사람 여기 있습니다.

개선장군의 전리품(戰利品)을 부러워하면서도
불세출의 영웅을 기리면서도
싸움을 두려워하는
부끄러운 사람 여기 있습니다.

싸워서 얻지 않은 것은
귀한 것이 아니라는 것은 알면서도
싸움을 두려워하면서도
싸움구경을 좋아하는
부끄러운 사람 여기 있습니다.

## 안경을 자주 닦아야겠어요

어쩌면 이리도 쉽게
안경에 때가 끼지요?
때 낀 안경을 모르고
세상에 늘 안개가 끼었다고 생각했어요.

시큰둥한 일상에
새 양복을 입은 날처럼
안경을 맞추어 낀 날의
이 새 세상.

퇴색한 마음에
안경을 닦고
귀에 걸었다.
이 환한 세상
환한 이 세상

차의 윈도브러시를
안경에 달아야겠다.

# 생계형(生計形) 아침에 대하여

노부모와 처자가 이레 굶고
노천(露天)에 웅크리고 있으면
그대가 지사(志士)라도
부잣집 담 넘는 것 어찌 하겠는가.
생계형(生計形)인 것을.

정승 판서가 되어
곳간에는 재화(財貨)가 넘쳐나고
문전은 다시 저자를 이루었는데
아흔 아홉 섬에
한 섬 더 채우려는 욕심은
어찌 하겠는가.
죽을 궁리
사계형(死計形)인 것을.

때리면 아파해야
덜 맞는다 하지만
때리지도 않았는데
엄살을 부리는 데는
매가 약이다.
총칼을 들이대고

윽박지를 때
'아이고 살려주세요.'
아첨을 하는 것은
살기 위한 예의란다.
영웅호걸이 아닌 다음에는.

눈 한번 흘기지도 않았고
사슴도 말(馬)도 없는데
더 높은 곳의 뜻을 헤아려
고운 얼굴을 꾸밈은
생계형이 아니다.
사계형(死計形)이다.

# 제3부

# 영혼과 육신

나는 가끔
아주 고귀한 영혼만을 가지고 사는 줄로 생각합니다.
배가 고프지 않을 때 책을 보면서 그럽니다.

금방 측간(厠間)에서
때 이른 밥상머리에서나
어거하기 어려운 육신을 깨닫습니다.

달리기 한 후 헐떡이는 숨에서
몸통도 못 가누는 턱걸이에서
주체하지 못하는 육신을 깨닫습니다.

요즘 육신은 더욱 방자하여졌습니다.
어느덧 사보타주까지 합니다.
평화라는 구차한 이름으로
그에게 굴복합니다.

내가 애써 키우려던 것은
방자한 육신이 아니라고만
자꾸 힘없이 되뇝니다.

# 미운 사람에게도

미운 그가
죽도록 미운 짓을 하더라도
사랑스러운 눈으로 보아주자.
죽을병에 걸려 저러는지도
모른다고 생각해보자.

죽이고 싶을 만큼
미운 이라 하더라도
가만두어 보자.
몇 년 더 못 살 것
머잖아 죽을 것 아닌가.

미운 그만이 아니라
미워하는 나도
머잖아 죽을 몸 아닌가.

미워하는 그보다
내가 먼저 죽을지도
모른다고 생각해야 한다.

사랑하는 그나
사랑하는 나나
미워하는 그나
미워하는 나나
다 머잖아 죽을 몸
죽어서 썩을 몸
태울 몸 아닌가.

## 안분(安分)

하루 세 끼 밥 먹으면 족한 걸
무얼 그리 아유구용(阿諛苟容)하며 살랴.
와락와락 아픈 식구 없고
제 집 있고 일터 있고
속옷 몇 벌에 겉옷 몇 벌이면 족한 걸.

그거야 안 되지 안 되고말고
권솔(眷率)은 병들어 누워 있고
제 집은커녕 끼니가 간 데 없고
남들처럼 호사스럽기는커녕
기워 입을 옷가지마저 없으면야.

무얼 그리 노심초사하랴.
모두 놓아두고 갈 걸
무얼 그리 안달하랴.
무덤에까지 들고 가 누울 텐가.
누군들 대놓고 뭐라고 말하랴만.

# 나의 임금님

나의 임금님이
꼭 자랑스럽지만은 않습니다.
그래도 내가 사랑하고 있는 나의 임은
당신뿐임을 내가 압니다.

나의 임금님도 모르시는
슬픈 나의 사랑을
나는 사랑하고 있습니다.

자랑스러워서만
사랑하는 것은 아닙니다.
내가 사랑해야 할 나의 임은
당신뿐이기 때문입니다.

## 남성들을, 남편들을 곡하노라

수영장, 체력 단련실, 찜질방에
가보면 안다.
건장한 남성들이 남편들이
왜 쉰 마흔에
퍽퍽 쓰러지는가를.

하늘이 원래
덤으로 준 명에다가
세상에 좋은 것은 다 골라 먹고도
여인들은 또
장수의 묘결(妙訣)은 다 지키고 있다.

그대들 출정(出征) 후 내내
여인들은 공격의 참호(塹壕)로
달려가 단련한 후 다시
미인계를 쓰는데
무장해제(武裝解除)된 채로 달려드는
무모하여 더욱 가여운 당신.

당신 먹이려고
끓여 놓았다는 곰국을

빛내어 달여 놓았다는
인삼 녹용을 사양하시오.
언제나 허장성세(虛張聲勢)에
자충수(自充手)로 죽을 궁리만 하는
겉똑똑이 당신들이여
클레오파트라 앞의 안토니우스만
안타까운 사람이 아니오.

밖에 나서서는
섬섬약질(纖纖弱質)의 그대
부모처자를 생각하여
입신양명을 한다고
굽실굽실 굽히느라 휘어진 허리
비비다 지문이 닳아빠진 손바닥
홧김에 마셔버린 소주 두어 잔에
고급도 아닌 담배 연기에
아리송한 세상이 빙빙 돌고
온갖 시비가 혼몽한 당신.

문간에 드니
부르터스의 칼을
미소로 포장하여
겨드랑이를 부축하는 처자들.

세상의 샤옹들이여
건장한 남편들이여
그대들도 정의의 깃발을 드시오.
페미니스트들을
그대의 방에서 축출하시오.
진통(陣痛)을 나누어야겠다고
함께 하겠다고 나서시오.

대신 국민 개병제(皆兵制)에
여성들도 포함하라고 하시오.
건장한 남성들이여
각성하라, 각성하라!
주변의 모든 나긋나긋함에서 탈출하라.
몸 바쳐 벌어다 먹이면서
온몸의 진액을 다
쏟아 부어 주면서도
아첨이 미덕이어야 하는 당신이여
죽을 궁리만 하는 겉똑똑이
눈물겹도록
가여운 당신들이여.

# 남잡이가 제잡이

채소밭에 인분 준 아저씨
깔끔하기만 한 아저씨
남새밭에 뒤풀이한 후
ㅇ장군과 ㅇ바가지를
졸졸졸 흐르는 냇물에
깨끗이도 부신다.

그 아래 제 길 찾아
무던히도 흘러내린 물에
상추와 쑥갓을 씻는 아주머니
한참 아래엔
원족 간 아저씨 아들딸들이
깔깔거리며
세수를 하고 입을 부신다.

물은 다시 흘러
수돗강으로 가서
걸러졌다는 핑계로
수돗물이 되어
서울 사는 아들네 딸네
국물이 되고 밥물이 된다.

옹달샘 근처에 사는 이들은 말한다.
한스러우면
상류로, 상류로 와서
이 산속에 살라.
아니면
물보고
거꾸로 흐르라 하라.

# 살아야 한다

어느 땐들
육신이 마음의 뜻을 따랐으랴만
나이 들어
머리 커진 육신은
세상의 태업(怠業)만을 배워
중앙집권을 거부한다.

누워 있기만 즐기는 육신도
관 속에 들어
광(壙) 안에 눕기 싫다면
저도 마음의 뜻을
따라야 할지니.

일어나라
걸어라
될 수 있는 데까지 달려라
개똥밭에 뒹굴어도
이승이 좋지 않으냐?

# 그걸 살고 마는 것을

남의 삶은 쉽게
"그걸 살고 마는 것을
그 야단을 쳤느냐?"
혀를 찬다.

나 죽고 나면
"그걸 살고 마는 것을
그렇게도 애를 태우다
졸이다 하였다."
남들은 흉볼 것이다.

갓 쓰자 장 파하는 것
철들자 망녕드는 것이
인생인 것을 몰랐지.

오늘도 나
애가 잦다가 삭다가
졸이다 태우다
해가 저물었다.

## 우린 만나야 해요

만날 수 있을 때
만나지 않으면
만나고 싶을 때
만나지 못합니다.

만나고 싶을 때가
없을 거라고요?
미움이 바뀌면
그리움이 됩니다.

사랑하는 이는
이승에서 만나지 않으면
저승에서도 만나지 못한답니다.
미워하는 이는
이승에서 만나지 않으면
저승에서라도 만난다고요.

거꾸로 매달려서라도
이승에서 만나 사랑하고
저승으로 가야하지 않겠어요?

저승에 가서도
티격태격
싸울 수는 없잖아요.
멀리까지 와서
모른 척할 수도 없고요.

# 엘리베이터에 대한 나의 의문

당신이 내 위층 까마득한 곳에 계실 때
나 당신께로 올라가고자 합니다.
나 어떻게 해야 하나요?
“당신, 제게로 내려 오셔요. ⇩”
“저, 당신께로 올라가려고 합니다. ⇧”

당신이 내 위층 까마득한 곳에 계실 때
나 지상에 발 딛고자 하여
내려가고자 합니다.
나 어떻게 해야 하나요?
“당신, 제게로 내려 오셔요. ⇩”
“저, 내려가려고 합니다. ⇩”

당신이 내 아래층 까마득한 곳에 계실 때
나 꼭대기 층으로 올라가고자 합니다.
나 어떻게 해야 하나요?
“당신, 제게로 올라 오셔요. ⇧”
“저 꼭대기 층으로 올라가려고 합니다. ⇧”

당신이 내 아래층 까마득한 곳에 계실 때
나 지상에 발 딛고자 하여

내려가고자 합니다.
나 어떻게 해야 하나요?
“당신, 제게로 올라 오셔요. ⇧”
“저, 내려가고자 합니다. ⇩”

맨 위층에서는
나, 내려가겠다 ⇩ 고만
맨 아래층에서는
나, 올라가겠다 ⇧ 고만
안 물어도 되나요?

당신이 어느 곳에 계시든
나 올라가고 싶으면
올라가겠다 ⇧ 고만,
내려가고 싶으면
내려가겠다 ⇩ 고만 하면 되나요?
그건 떼만 쓰는 어린 아이잖아요.
당신에 대한 불경(不敬)이잖아요.

손짓도 죄스러운데
손가락 까딱만으로도 달려와
화들짝 불 밝혀 맞으시고는
문 닫아 걸어주어,
벌떼들 붕붕거리는

이 도시 한복판에다
제게 신방을 허해 주시는
당신은 누구신가요?
당신 뒤에 숨어서
내 마음속까지 쏘아보는
저 눈빛은 누구의 눈빛인가요?
오뉴월 염천에도 떨고 있는
나만 지금 겁쟁이인가요?

## 나의 친절을 다한 고언(苦言)

당신이 나를 미워하기 시작한 날로부터
당신은 죽을병에 걸렸습니다.

당신이 죽도록 나를 미워한다는 것을
내가 안 날로부터
당신은 죽을병을 앓기 시작하였습니다.

당신이 나를 죽도록 미워한다는 것을
내가 알고 있다는 것을
당신이 아는 순간에
당신은 죽을 것이라는 사실을
나는 당신께 알려드립니다.

모든 사람들의 운명이 그러했으니
어찌 아니 알려드릴 수 있겠습니까?
사랑하는 당신이여.

당신의 명은
당신의 살(煞) 때문입니다.
정적(政敵)을 쓰러뜨리는
모략이 아닙니다.

예로부터
안 죽은 이가 없었으니
그들을 사랑하는 이를
몰래 미워하다가
그 사실을 그들이 알았기 때문이지요.

그럼 나는 누구의 미움으로 죽을까요?
나 또한 나를 죽도록 사랑하는 사람도 모르고
그 사랑도 모르고
미워한 죄로 죽겠지요.

사람을
아니 미워할 방법은 없나요?
사람을 못 미워할 방법은 없나요?

## 잡초를 뽑고 싶은 마음에게

저기 고급 주택 정원의
꽃밭은 잡초 하나 없이 가지런하다.
그 집 울타리 밖
몇 발짝 밖
길가 화단에는
꽃보다 잡초가 무성하다.
저 잡초를 어쩌나
지나가던 사람이 말한다.
네 밭의 잡초나 뽑아라.

꽃밭 속의 잡초는
태생이 슬픈 사생아다.
풀밭 속의 꽃은
귀양 온 귀공자지만
그도 잡초다.

꽃들은 꽃끼리만
오순도순 자라고
잡초는 잡초끼리 야생으로
얼크러 설크러져 살 수 는 없는가?

나는 건널목에서도
시내버스 속에서도
잡초를 뽑고 싶다.
잡초에 손을 벤 이를 보고
얼른 눈을 감아 버리는
이웃들을 보고
나도 비굴한
처세술을 익힌다.

여기저기에 무성한 잡초를
뽑을 힘이 없으면
다 뽑을 힘이 없으면
아예 그를 사랑하는 법을 배워야 하는가?
체념하는 법을 배워야 하는가?

## 횃불 든 손이 더 시리다

– 초인을 기다리며 –

미풍에 촛불만을 들고서도
호들갑을 떤다.
촛농이 용암처럼
손등으로 흘러내린다고
뜨겁다고.

동지섣달 그믐밤에
횃불을 밝혀 든 초인
그의 얼굴로 머리칼로 달려드는
독사의 혓바닥 불길.

횃불 든 손
손은 얼어터지고
팔은 불길에 타고 있는데
얼굴은 환희에 넘치고 있다.

먼 길 나서는 초인의 길
저 높은 곳을 향하여
발밑부터 살피라 하지만
횃불 높이 들수록
어두워지는 당신의 저 발밑

칼바람 부는 밤에
횃불 높이 들어
얼어 터지는 손
불길에 타는 팔.

막무가내(莫無可奈)로
횃불은 더욱 높이높이
들어 올려지고 있었다.
몸통은 미동(微動)도 없이
더욱 더 환한 표정으로
환희에 차서 웃고 있었다.
초인 그는.

## 강의 중 휴식 시간에

'교수님
커피 한 잔 빼다 드릴까요?'
학생의 마음속 말이다.
'물을 것 무엇 있어.'
교수님의 속말이다.

생수를 가방에 가져오신
청간스럽기도 한 교수님
'아, 따끈한 커피 한 잔.'
생각으로만 멈춘다.

'자, 그럼 수업해요.'
차 한 잔을 챙겨 못 드린
소심한 마음에
학생도 자판기 앞에
서만 있다 왔다.

용기 있는 어느 분은
행동하지 않는 양심은
양심이 아니라고 했다.
행동하지 않은

예의는 예의가 아닌가?

학생들의 눈이
결벽을 낳았다.
다른 학생들도
가만히 있었지 않았느냐.
교수님도 학생의 속마음을 안다.

학생은 속으로 말하였다.
나는 결백하다
나는 아첨꾼이 아니다
그러나 그렇게 말하면서
그편의 아첨꾼임을 모르고 있었다.

# 편애와 무관심

교수님이
학생들에게 물었다
나를 사랑해 주지 않더라도 좋으니
우리 누구라도
사랑해 주세요인가?
나를
사랑해 주지 않으려면
다른 누구도
사랑해 주지 마세요인가?

학생들은 모두
나를 사랑해 주지 않으려면
다른 누구도
사랑해 주지 마시란다.
한입거리
천하의 별미(別味)
천하의 명약(名藥)도
그리 하길 바라시는가?

교수님은 이제
편안한 무관심의
달콤한 핑계를 얻었다.
편애를 않기 위해서라고 했다.
수제자를 사랑하는 것보다
무관심을 사랑하는 것이
훨씬 편하기 때문이었다.

# 낚시꾼과 물고기의 사랑 이야기

고기야 물고기야 사랑하는 물고기야
오늘 네게 밥 주러 왔다.
맛있는 밑밥 주러 왔다.
그동안 배 많이 고팠지?

아저씨 아저씨 낚시꾼 아저씨
고마워요 고마워요.
맛있는 먹이를 주셔서 고마워요.
내일도 오셔요 모레도 오셔요.
바늘 없는 낚싯대만 가지고 오셔요.

맛있는 것을 어떻게
매일 먹을 수야 있겠니?
보고 싶어 달려오느라고
지금 얼마나 고단한 줄 아니?
내일은 신새벽 어둠 헤치고 오마
너 보러 달려오마.
내가 준 맛있는 밑밥
친구들 이웃들 많이 불러
많이 먹고 잘 있으렴.

아저씨 아저씨 낚시꾼 아저씨
어제 주신 맛있는 밥 다 먹었어요.
오늘은 어떤 맛있는 것 주시겠어요?

고기야 고기야 착한 물고기야
네가 주워 먹기 편하지 않을 것 같아
오늘은 줄에 매달린 먹이가
하늘하늘 춤을 추게 할 터이니
간사(奸邪)한 늙은 고기들처럼
먹이만 채지 말고
낚시도 함께 덥석 물어 꿀꺽 삼키렴.
그러면 내가 너 구해내어
네 몸 안정시키고
고통의 바늘 뽑아주마
이때 그 기름진 먹이는 삼켜도 좋다.
이젠 나 너 실컷 보듬어 보고
너 나 실컷 볼 수 있지 않겠니?

아저씨 아저씨 낚시꾼 아저씨
그런 말씀을 하시려거든
이 물가로 오지를 마셔요.
가난하지만 평화로운
이 물가로 오지를 마셔요.
우리도 아저씨의 속셈을 모르지는 않아요.

정신이 흐릿해질 만큼의 주림이 있고
뼈를 찌르는 추위가 있어도
임의로운 이 물속이 더 좋은 걸요.
살아 있는 동안 내내 배부르고
죽을 때 죽더라도 공포라고는 없는
그 수족관보다는요.

제게 햄릿형 친구가 있었습니다.
멋있게 드리워진 향기로운 먹이를
그는 보았습니다.
덥석 물어버릴까
잽싸게 낚아챌까 그것이 문제였습니다.
모처럼 과단성 있는 결정이었습니다.
그도 배가 고팠던가 봅니다.
낚시에 코가 꿰여, 물위로 솟구쳐
버둥질치는 안타까운 모습을 보았습니다.
우리들은 모두 속았다고
화들짝 놀라 사방으로 달아났습니다.
망각의 씨앗 호기심으로
기름진 먹이를 못 잊어하는 탐욕으로
죽음의 음습한 골짜기를 잊게 하는
눈먼 배고픔으로
친구 햄릿의 후회막급을 잊었습니다.

앗 저기 보아라!
이 짜릿하고도 둔중한 손맛을 보아라.
대어(大漁)다 월척(越尺)이다.
릴을 감아라 돌려라
이 힘찬 저항을 보아라
부러질 듯한 낚싯대를 보아라
바위 비탈에 선 낚시꾼의 발을 보아라.

어 엇 어 엇 어
바위 아래
명주실 한 꾸러미가 다 풀릴
그 깊은 물속에 빠진 낚시꾼
허우적거리다 보니
낚싯줄이 온 몸에 찬찬 감겼다.
인적 드문 물가
희디흰 배를 물위에 띄운
월척 고기 옆에
물속을 들여다보고 있는 듯
낚시꾼 아저씨는 엎어져 있었습니다.
며칠이고 그렇게 엎어져 있었습니다.

낚시꾼과 물고기의
애달픈 사랑 이야기였습니다.

# 초인(超人) 그를 기다리며

어린 양으로 매달리거나
큰 양으로 매달리거나 한가지니라.
네 적(敵)의 증오를 두려워할 것이 아니라
네 우군(友軍)의 사랑을 두려워할지니라.
너의 패망 후
적의 자비를 빌기 위해 멈칫거리는 것인가?
인자무적(仁者無敵)은 허언(虛言)이니라.

자비로우셨던 실달다(悉達多)에게도
목숨을 넘보던
사촌동생 데바다타(提婆達多)가 있었고,
어지러운 세상에
어짊만을 외치던 공구(孔丘)에게도
그를 죽이려던 못된 환퇴(桓魋)가 있었고,
왼뺨을 치거든 오른뺨마저 내주라던
사랑의 예수에게도
그를 팔아 십자가에 매달리게 한
배반의 유다가 있었다네.

큰 사람에게 큰 적이 있나니
큰 일하러 오른 자리에서

큰 적(敵)이 두렵거든 내려오게나.
그대도 큰 적이 되어
거기에 있었던 이
그리로 가려던 사람의
그 자리를 빼앗지 않았는가?
그대의 적이 두려워
너그러움을 핑계로 베푸는 송양(宋襄)의 인(仁)은
우군(友軍)의 발밑을 파는 부메랑(boomerang)
용렬(庸劣)한 안주(安住)의
고소한 맛이 영원할 수는 없는 것
욕 안 먹고 졸부(猝富)도 못 된다 하였고
작사도방(作舍道傍)도 삼년불성(三年不成)이라 하였는데
천하를 도모하는 일에
하늘 아래 모든 이의
칭송(稱頌)으로 이루어지는 일 있었던가.

천하에 입 가진 자
모두 한 마디씩은커녕 입을 열어놓고 있는 판에
재잘거리는 입만 아니라
훼살조차 놓고 있는 판에
다 귀 기울일 수야 없지 않은가
쇠도 녹인다는
뭇사람의 입을 막을 수는 없다면
그대의 두 귀에

다른 이의 귀를 차용할 수도 있지만
다시 두 눈을 부릅뜨고
X선으로 소리를 보아야겠지요?
중구난방(衆口難防)의 훤소(喧騷)를
두려워 외면할 것이 아니라
조용한 쓴 소리를
빛으로 바꾸어 들으시기를.
형상(形相)이 아니라
질료(質料)로 보시길.

당대에 기림을 받을 생각을 마시오.
내 앞에 큰 감 놓을 생각을 마시오.
학자는 관 뚜껑을 덮고도
50년을 기약하고 산답니다.
살기 어려운 세상에 보신한답시고
침묵으로 일관하는 우리 모두가
초인 그대를 기다리는 이유는 이것이라네.
철탑(鐵搭) 전주(電柱)처럼 큰 걸음으로
산 넘고 강 건너
힘내어 달려 어서 오시오.
우리 모두 그대를
목이 빠지게 기다리고 있답니다.

새어머니의 거짓 사랑보다는

죽은 어머니의 회초리를 고마워할 줄 알고
고마[妾]의 알뜰살뜰한 약사발보다는
미욱한 본처의 들쭉날쭉한 약그릇의
뜻을 헤아릴 줄도 아는 우리입니다.
지금은 모른다 하여도
어느 날엔가는 반드시 압니다.

나라를 공(公)으로 하여
남의 칭송 받는 이가
내 식구들의 안위를
해치는 수가 있음도 압니다.
나는 국량(局量)이 옹졸하여
한 가장(家長)으로
아내와 어린 자식들의 뜻 받들기도
벅차하는 위인(爲人)이니
유구무언(有口無言)이오만.

위에서 아래는 다 보이지 않아도
아래에(under) 서서(stand) 위는
다 보이는 법이잖아요.
관중(觀衆)은 선수를 볼 수 있어도
선수는 관중을 볼 수 없잖아요.
초인이여
철탑(鐵塔) 전주(電柱)처럼 큰 걸음으로

산 넘고 강 건너
힘내어 달려 어서 오시오.
우리 모두 그대를
목이 빠지게 기다리고 있답니다.

## 세계역사연대표(世界歷史年代表)

역사는 까마득한 옛날부터 있어왔단다.
유사이전(有史以前)에도 역사는 있었을 것이니
지루한 밤도 있었을 게고
역사가 이루어지는 밤도 있었을 것이다.
그러면 유사이전이란 없었을 것이다.

역사연대표의 맨 꼭대기는 막혀 있다.
막혀진 그 선반 위에는
서기(西紀), 세기(世紀), 간지(干支), 단기, 나라 이름 등으로 막혀 있다.
그 위에는 연표, 연대비교표(年代比較表), 왕력표(王曆表), 역사변천표 등이 있다.
그 위는 비어 있다.
이 빈터를 어떻게 메꾸어 벽에 걸 것인가,
이 허허벌판을 어떻게 벽에 걸 것인가?

역사연대표에는 선대왕부터 제왕들이
무엄히게도 차곡차곡 쌓여있다.
선대왕들의 은혜보다 더한 무게로 짓눌린
섬약(纖弱)한 후대의 제왕들은
간난신고(艱難辛苦)로 가화개국(家化開國)한

태조, 고조의 은혜가 오히려 원망스럽다.
제왕들의 오른팔 혹은 왼팔이었던
영웅호걸, 모사(謀士)들은 민초들이 숨통을 눌러
그들은 어디에도 살았던 흔적이 없다.

역사연대표의 맨 아래
우리에게 그 친근한 공간도 막혀 있다.
굵고 진한 선으로 막혀 있다.
시간은 쉬지 않고 내려흐른다.
굵은 선도 삼투(滲透)하여 내려흐른다.
보다 화급한 일은
역사의 중력을 못 이기고
연대표 칸막이들의 틈이 벌어져
끝없는 바닥으로 떨어지고 있음이다.
연대표의 마지막 층
최근세의 켜들을 받쳐줄 구리기둥이 없다.
그 구리기둥을 받쳐줄
풍화라고는 모를 주초(柱礎)도 없다.

급한 마음에
연대표를 왼쪽으로 뉘었다.
중력을 잃은 역대 왕조들이
난파선처럼 오른쪽으로 기울면서
조각조각 아우성치며 떨어지고 있었다.

역사의 밀도(密度)에 따른 무게 때문이었다.
서둘러 다시 연대표를
90도 방향으로 회전하였다.
유사 이전이 맨 아래로 가고
그 위에 선사시대, 고대, 중세, 근대, 현대로 놓였다.
현대가 맨 위에 놓였다.
야외 변소의 배변 피라미드를 보거나
퇴적층의 켜를 보아서도
역사연표는 이렇게 만들어야 할 것이다.
그러나 여전히 역사의 무게를 받칠
맨 아래 버팀기둥이 문제다.
선대의 제왕들은
후대 제왕들의 중압에 진노(震怒)해 있었고
선대의 영웅호걸들은 들고 일어나
눈을 부라리며 장창과 보검을 빼어들고 있었다.
선철(先哲)과 석학(碩學)들은
붓을 들까 펜을 들까 망설이고 있었고
역사가들은 시비에 골몰해
날이 가는 줄을 모르고 있었다.
나는 정신이 어지러워
세계역사연대표를 벽에 걸 수 없었다.
우리 연대표의 소루(疏漏)함 때문만이 아니었다.
둘둘 말아서 치워버렸다.

## 너나 잘해요

옛날 그 옛날
세 나라 시기에 나 태어나
신라 백성이었으면
신라가 통삼(統三)하기를 바랐을 게고,
나 백제 백성이었으면
의자왕을 위해 울었을 게고,
고구려 백성이었으면
아비의 뜻을 까마득히 잊은
남생(男生) · 남건(男建) · 남산(南産)을
요절내려 나섰을 게다.

중국에 남북조가 있었다더니
오랜 후에
우리에게는 남북 · 북남이 있네.
하나로 합쳐도 성이 안 차는데
합치어 덤비면
이웃 저희에게 해로우니
합궁(合宮)은 도울 리가 없지.

이웃을 사랑해야 한다는 말 지당하지만
내 집 단속부터 해야 하듯

잘난 나라 아니라 하더라도
내 나라 걱정부터 해야 하겠네.
한 집의 가장(家長)으로
내 부모처자 걱정부터 해야지,
이웃집 처자 속곳 걱정부터 해야겠나?

## 실은 안과(眼科) 질환

어느 맑은 가을날 정오에
나의 지인(知人) 한 사람이 말하였단다.
요새는 왜 이렇게 맨날
하루 종일 안개가 끼어 있어?
그는 곧 안과(眼科)로 인도되었단다.

손자국에도
자꾸 때가 묻는
나의 분신
돋보기를 자꾸 닦아야겠네.
밝은 곳이 돋보이도록 닦아야겠네.

도수(度數) 높은 안경을 쓰고도
화창한 봄날에
눈살을 찌푸리는
미간(眉間)을 위해
안경을 자꾸 닦아야겠네.
돋보기를 갈아야겠네.

세상에 쓰레기가 없을 수야 있나,
곡식밭에 논에

잡초가 나기 마련
어느 세월엔들
사람 사는 세상에
바람 잔 날 있었나,
바다가 잔잔하기만 한 세월 있었나?

제가 권세의 자루를 잡으면
요순시절 당장 만든다고들 하지만
요순시절 이후
언제 다시
요순시절 이었나? 있었나?

## 빈자일등(貧者一燈)이 안쓰러워서

어떤 두려움도 비겁함도
정대(正大)한 명분을 내세우지 않은 것은 없었다.
인생은 천년을 사는 것이 아니라네.
만년을 사는 것은 더욱 아니라네.
이 눈치 저 눈치 보다가
두려움을 안내로 포장하여 살다가
복지부동(伏地不動)이 병이 되어
가자미 · 넙치가 되어 살다가
온몸이 사리가 되면 무얼 하나.

돌비석 세워 주고
그대 애닯은 생애가 가여워
훌쩍거리는 조사(弔辭)에 넘어가지 말게나.
평생 간혀 살고도
정려문(旌閭門) 속에 갇힌
그대 요조숙녀여,
평생 큰 소리 한번은커녕
기 한번 못 펴고 산
시골 선비여,
이리저리 밀려다니다
비석거리에 몰려 세워진

차가운 그대의 공덕비 송덕비
부도(浮屠) 속에 갇힌 그대의 사리(舍利)
천년을 가면
무얼 하나,
만년을 가면 무얼 하나,
그나마 기약할 길 없는 것을 어찌하나.

칭송(稱頌)을 방패로 하여
만용(蠻勇)으로 똘똘 뭉친 그들이
그대들의 몫 가로채고 있음을 아시게나.
진시황과 네로만 폭군이 아니라네.
굶어가면서 쓰레기 모은 돈으로
빈자일등(貧者一燈)의 그녀가 안쓰러워라.
영화가 무엇인지 몰라 그런다고
돈으로 살 수 있는 것이
무엇인지 몰라 그런다고 말하는 이의
모지락스러운 말에
오뉴월 염천에도 오싹 추위를 느꼈네.

백만장자는
금은보화를 어디다 뿌리는지
그대 아는가?
돈맛 알아챈
새빌 왕자들 간의

재산 소송을 못 보았는가?
모자라서 그러는가?
조롱하다 윽박지르다 하는 그에게
나 지금 할 말을 잊었네.

# 제4부

# 덕우리 풍경

여기는 남해 남쪽 완도군 생일면 덕우리 남향받이
맑은 날 매물도 청산도[3] 사이로 제주가 보인다는 곳
저만치에서는 저녁 햇볕이 불기둥으로 빛나는 속에
전복 소라가 바다의 공주와 왕자로 자라고
이만치에서는 조약돌 해변의 원만(圓滿)한 바위 위에
뿔 달린 소라 꾸죽 안주에 잎새주가 탄다.

저기 바다를 정원(庭園)으로 한 주연(酒宴)도 좋지만
바다 가까이 더, 좀 더 가까이 몽돌 깔린 해변으로
스러지는 아름다움으로 불타는 노을을 보잔다.
낙조(落照)만을 보고지워서가 아니라
파도 소리 바다 내음에 살 부비고 싶어서라,
세상의 시름을 잠시라도 잊고 싶어서라.

비낀 모습이 아름다운 광음(光陰) 너는 영원한 길손
꼴딱 넘어가는 너의 모습에 울컥 목이 메었다.
소주잔을 꼴깍 넘기니 금세 어두워져
그렁그렁한 눈을 감추어 주는 어둠이 좋았다.
오랜만에 북두성(北斗星)도 북극성도 찾아보았다.
파도 소리에 묻어오는 먼 불빛은 섬인가 어선인가?

---

3) 완도군 생일면 덕우리 매물도, 청산도(莞島郡 生日面 德牛里 每勿島, 靑山島).

# 다보탑 옆에서

현미경 속에서 처음 본
스펌(sperm)의 유동(流動)은
빛을 보러[觀光] 먼 길 온
순례자들이 벌이는 원형(圓形)의 흐름
여기는 서라벌.

합장 배례하는 이들
가사 장삼에
예불을 드리는 스님
사람들의 흐름을 좇다가
합장하고 뵈온 부처님은
자비롭게도 웃고만 계셨다.

감히 다보탑 옆에 서다
우러러 탑을 따라 올려 보다.
도타운 불심(佛心)의
우듬지를 마모(磨耗)한
천년도 넘는 세월이 안쓰러웠다.

파란 하늘에
서방(西方)으로 흐르는

흰 구름의 빠르기로
내게로 넘어지는
탑신을 보고 화들짝 놀랐다.

# 오서산행(烏棲山行)

들판에서 불쑥 솟아오른 듯한 산
오서산
올라가기만 해야 하는 곳의
종점에 있음이 꼭 절이 아님은
내원사에 와보면 안다.
내원사 지나 부릉부릉 다시 올라
쉰질바위
어쩌다 얻은 이름인가 하였더니
쉰 길도 더 되겠다.
억새 보러 오는 길을
제 발로 못 오름이 민망한데
그래도 억센 억새들은
도열(堵列)하여 반겨
한들한들 목례를 한다.
오른편 아슬아슬한 낭떠러지에 서있는
우람한 나무들은
소심한 마음을 버텨주고 있다.
우듬지 사이의
아득한 산 아래에는 누군가가
바둑판을 그려놓았다.
억지가 사촌보다 나아

제 발로는 아니라도
드디어 늦가을 서해 바람이 불어오는
이 환한 정상에 올랐다.
이래서들 정상에 오르는가?
아득한 산 산 산 들 들 들
이래서 사람은 밥만 먹고 사는
존재가 아니라 하는가?
그래도 싸온 도시락을 먹었다.
먹어야 한다.

날망의 경치가 아무리 좋아도
개 짖고 닭 우는
그 곳으로 내려가야 한다.
오를 때도 제 발로 못 올라온 주천둥이
내릴 때도 천덕꾸러기
조마조마해 하는 핸들이 민망하여
눈이 부신 경치에 탄성도 삼켰다.
흑마(黑馬)에 실려서라도
나 오서산 마루에 올라
도시락 먹고 사진 두어 장 찍히고
곧장 또 실려 내려왔다네.
그래도 나 오서산 꼭대기 올라갔다 왔다네.
아이 부끄러워라.
누구 이 무렴(無廉) 꺼줄 사람 없는가?

# 백담사(白潭寺)에서

나도 입산(入山)을 할까?
비린 것만이라도 멈출까 말까?
해혼(解婚)이라도 해야 할까?
부처님 앞에
합장배례 몰래 하고
나무아미타불 관세음보살.

부귀영화를 좇다가
붙들려 왔다 간 이
오뇌의 생애에
구도 차(求道 次) 찾아든 이
관광차 우루루 몰려왔다가
돌개바람처럼 한 바퀴 돌고
쭈루루 떼 지어 가는 이들
모두가 나를 더욱 흔들어 놓는
세심교(洗心橋) 건너
백담사 밝은 봄 햇볕.

부귀영화는
한 조각 뜬 구름인가
한바탕의 봄꿈인가

구도(求道)의 길은 멀어
백대(百代)의 풀 길 없는 오뇌인가?

부르릉 귀로(歸路)가 바쁘단다.
봄볕 긴 날이 기울었다.
세상처럼 길도 좁아
어디서나 일방통행(一方通行)
한 편은 뒷걸음질을 쳐야 했다.

## 권금성(權金城)

우굴부굴 와글와글
용의 붉은 혀
혼돈(混沌)의 마그마가
흐르고 구르다 용솟음쳐
울산바위, 흔들바위, 저 빼어난 봉우리, 골짜기를
반죽하던 계절에
조물옹(造物翁) 참 좋으셨겠습니다.

용암 흐르던 곳에
냉정(冷靜)이 스며들어
바위들은 제 몸을 풀어 삭여
푸나무를 키우고
다시 날짐승 길짐승을 놓았겠지.

상전벽해(桑田碧海)ㄴ가
벽해상전(碧海桑田)인가
울근불근 솟아오른
산 정상에 오르고 싶은
어린 마음을 따라
삭도(索道)를 따라 오르고 올랐다

달마다 해마다
눈 비 바람에 깎여내려도
늘 그 자리에
흰 형해(形骸)로
위태위태(危殆危殆)하게 서서
침묵하고 있는 여기는
이름의 내력이 궁금한
강원도 양양(襄陽)의 권금성(權金城).

## 효자도 행 추억

늘어진 일상을 떨치고 출발
서해안의 대천서 배로 20분
길어야 30분 거리란다.
뜻 맞는 이들에다
날씨도 갖추었다.
녹음의 가로수는 휙휙 뒤로 달리고
가르마 잘 탄
장잎이 푸른 논들은 빙글빙글 돈다.
신선놀음이라고 탓하지 말라.
하늘을 나는 길도 아니고
가는 길이 천만 리 타국도 아닌 데다
삼백 예순 날 중
딱 하룻밤 자고 오는 길이란다.

귀하신 몸도 우리 아닌데
송도(松島) 부두에 이르니
배 대어 놓고 마중 나온 이가 있네.
바닷바람도 갯내음도 박하사탕 맛인데
잔잔한 바다 위를 헤쳐 나가는 배는
물이랑도 아름다워라.
저 앞에 섬을 세워놓고

배를 세운 선장(船長)
미꾸라지 미끼를 낚시에 꿰어 안긴다.
모두들 긴장한 낚시꾼
선장은 배를 옮겨 다시 자리를 잡아준다.
여기저기서 어부가 탄생한다.
우럭이란다.
생전 처음 잡아보는 우럭이다.
펄떡펄떡 연달아 건져내는 태공망
한꺼번에 두 마리씩 건져 올리는 재주
솜씨를 다하면 그도 걱정이다.
다하지 않는 기쁨은 후일을 위함이다.
선장은 배를 양식장 안으로 인도한다.
배의 도르래로 들어 올린 크낙한 통발
그물로 엮은 물 빠진 통발
그 속 한 귀퉁이에 몰린 고기고기고기의 자유
큰 놈만 가려올리고 잔챙이는 나중에 보자고
물속으로 던져지는 아찔한 사면(赦免)
이건 우럭, 저건 놀래미, 광어(廣魚:넙치), 가자미, 도다리
광어하고 도다리는 눈으로 구별하여
좌광우도(左廣右도)란다고?
그래도 곧 잊는 새머리[鳥頭]를 위하여
오른쪽(3음절) 도다리(3음절)
왼쪽(2음절) 광어(2음절)라고.
이마저 잊는다면?

모르는 것은 끝이 없고 인생은 유한하고.
짐을 들고 숙소로 들었다
바다가 뜰아래까지 와 있는 집.

잔잔한 바다 위를 스쳐 온
시원한 손길은
아직도 꺼지지 않은 촛불을 흔드는가?
어린 시절에 켜놓은
수풀 속 새 집의 촛불을.
진수성찬에, 아름다운 술에
알맞게 배부르고 얼얼한 마음은
이 밤을 잠으로야 보낼 수 있느냐 하여
해박한 이의 역사 이야기를
눈치 없이 청한다.
저 멀리 불빛들이 가물거릴수록
밤바다의 서느러운 기운
우리에게로 다가와
더 이야기하자고
조르다 보채다 보채다 조르다.
돌아와서의 걱정은
열일곱 식구의 큰집 잔치에 고생한
종갓집 부부의 몸살 걱정.

# 비행기에서 본 풍경

① 흑룡강
어디로 가는 검은 용인가?
수평을 향한 쉼 없는 행군
하늘이 타 놓은 햇솜 아래 숨어 든
검은 용틀임
구불구불한 집념이여.

② 이름 모를 강
흰 배 드러내며 뒤틀며
몸부림치며 풀어놓은
하늘나라의 실타래
땅 위 아래 생명의
젖줄인가 핏줄인가.

③ 도로
길은 어디서나 파괴의 흔적
정다운 관행(慣行)의 아들.

④ 늪지대
멀리서는
반짝이는 신의 거울

사랑스러운 대지의 딸
그녀의 영롱한 눈
가까이서는
휴식과 사랑의 샘터.

# 캄차카 여행

말로만 들어오던 곳
지도에서만 보아오던 곳
아시아 대륙의 북동쪽 끄트머리에
고구마처럼 감자처럼 매달린 반도
땅 부자의 자투리땅이
우리 선대(先代)의
피땀 어린 유산 모두보다
몇 배 더 넓은 땅.

아득히 너부러진 잡초 밭이 아까워
야생화가 군락(群落)으로 곱게 피었다.
보랏빛의 이반차이꽃이 신혼의 꿈으로 피었다.
무성하기만 다를 뿐
이 위도(緯度) 높은
추운 땅의 여름 한철에는
한풀이하듯
낯익은 쑥, 질경이, 민들레 등이
이름 모를 풀 틈에 끼어
키 겨룸을 하고,
우리에겐 귀한 꽃나무 자작은
지천으로 널려

귀족 태생의 흰 살갗을
이 나라 여인들의 흐벅진 가슴처럼
헙헙하게도 드러내어 보이고 있다.

헤어져 떠나는 날에사
유두분면(油頭粉面)으로 다가서는
만년설을 인 산아
지금은 우리에게
침실을 마련할 시간이 없지 않느냐.
우리는 세상일로
때 묻은 마음을 가진 뜨내기였기에
순백(純白)의 사랑을 아니 주려 하였는가?

잡초 무성한 곳곳에 빈 집
무너지고 녹슬고 퇴색한 건물
항구에 누워버린 큰 배는 모두
군함인가 상선(商船)인가,
너희 옛 영화의 잔해인가?

왕후장상(王侯將相)의 집안에도
거지는 있다 하더니
흰빛 살갗을 가진 사람들 나라에도
가멸지 않은 식구는 있는가?
이상(理想)은 현실이 될 수 없는가?

현실은 이념(理念)이 아닌가?
남의 영화를 투기(妬忌)함도
기욺을 고소해 함도
대인(大人)의 마음은 아니나
마음의 흐름을 어찌하랴.

‘공주대학교 스쿨버스’를 보았단다.
‘분교(分校)’가 이 나라에도 있었던가?
마침 여기의 한 대학과 우리의 모교가
‘M.O.U.’를 체결하던 날이었다.
‘롯데’ 회사버스,
‘시민자율버스’, ‘부산교통’, ‘부평역’ 가는 버스.
우리가 쓰다 넘긴 것을 쓰는 이들이
그 표한(剽悍)한
칭키스칸의 후예 말고도 또 있었구나.

저기 운 좋게도 눈에 띈
우리의 모 전자회사의
아침까지 빛나는 광고 간판
나는 오만해지고 있었다.
일제(日製) 고급의 세단과 카메라가 즐비한
일본인들의 마음을 헤아리다
또 비굴해졌다가
50여 년 전

코 묻고 때 묻은 손으로
'김미 초컬릿', '김미 추잉껌'
매달리던 시절을 생각했다.

저기 중년의 여인이 간다.
저 풍만한 가슴을 보아라.
저 푸짐한 히프를 보아라.
처녀 시절엔 다듬은 옥이
중년 이후엔 펌프킨(pumpkin)으로 바뀜은
하늘의 고른 이치인가?
통통한 처녀가
허물 벗은 게가 된 아내의 손을 잡고
곁눈질로 둘이서 산술(算術)을 공부한다.
결론은 모두가 두 배에유 두 배.

도끼자루 썩는 줄 모르고
신선(神仙)과 선녀(仙女)로 산 몇 날 후
돌아와 내 나라 땅에 서니
여권(旅券)이 나인지 내가 여권인지
몰라도 좋지 않은가.
아옹다옹함이야 남이 아니란 증거
이웃사촌이라 하지만,
좋은 일엔 이웃
궂은일엔 피붙이라 하지 않았던가?

# 하이난섬 관광 여흥(餘興)

이곳은 원래 여족(黎族) 묘족(苗族)의 땅
해남도(海南島) 하이난성(海南省)
죽을 때까지 해도 다 못한다는,
못 다한다는 세 가지 것
배워야 할 그 많은 중국 글자
먹어 보아야 할 가지 많은 중국 음식
여행해야 할 기이한 것 많은 넓은 땅이 있다는
인다(人多) 물다(物多) 지광(地廣) 나라 땅 끝
이제 보고 가면 생전에는 다시 오기 어려운 곳
궁시화차이(恭禧發財), 신(xin 鑫)
"돈 많이 버세요."가 최고의 인사인 나라,
무호적(無戶籍)의 서러운 출생이 1억 넘어
총인구 14억이 넘는다는 나라
55개 소수 민족 포함 총 56개 민족으로 된
형형색색의 나라
붕붕붕 자본주의의 그 좋은 돈맛을 본 그들
북경 올림픽을 치러 세계의 중심으로 뛰어오르려는 그들
아편전쟁 이후를 설원(雪冤)하려
유다유창(又大又强, 더 크고 더 강하게)을
속으로 다지는 저들
하이난섬 관광지에서

그들이 숨긴
오기(傲氣)의 칼날을 보았다.

카드 카자를 만들어 씀에 웃고
뷔페(buffet)를 '자조찬(自助餐)'이라 하는 데에 놀랐다.
아직도 많은 사람들이 칸막이 없는 재래식 변소에서
엉덩이 드러내놓고 용변 보면서
세상사 얘기한다 하지만
절치부심(切齒腐心)하면서,
누천년 조공 바치던 졸부(猝富)들을 노려보는
무서운 눈을 보았다.
곳곳에 그들이 써 놓은
우리의 자랑 훈민정음의 뜻을 알았다.
대왕 세종의 뜻이 아님도 보았다.
'어서 오십시오', '화장실', '황제 마사지'.

그래도 저래도, 제 짐도 못 잘 챙기는
세상에 오활(迂闊)할손
한낱 관광객이어서
깔끔히 치워진 내 숙소에 돌아와서는
나 없는 사이에 다녀간
궁금한 우렁각시가 좋아할
미국 돈 1불을 미리 눌러놓고
배 타러 나갈 때는 멀미할까 봐서
들은풍월대로

'귀미테' 붙일까 '그미테' 붙일까 망설이다
그미테 물옷[水泳服]을 붙이고
타는 부끄러움을 물안경으로 감추오고
바닷물에 자맥질도 하여 보았다.
물질 흉내도 않고 돌아가면
살아서는 다시 못 올 곳이기에 그랬다.
뒤에 이 곳 물속이
백상아리의 고향임을 알고서는 더욱 추웠다.

바닷가 모래톱을 혼자 걸었다.
신발은 벗어들고 바지는 걷어 올렸다.
파도가 밀려온다.
발밑을 차고 오른다.
하얀 포말을 일으켜 달려와서는
스르르 물러간다 밀려간다
으르렁거리면서 달려온다.
권토중래(捲土重來) 권토중래(捲土重來)
저 질긴 으르렁거림
물결이 안 닿는 곳을 따라
반듯하게 걸어본다
이제 돌아보자.
일흔 가까운 나이에
철없던 어린 시절에 쓴 일기를 보듯
돌아 서 본다.
팔팔팔 포개 선 八자가 꾸불꾸불.

조심스러이 다시 걸어본다.
멀리 있는 한 점을 보고 걸어본다.
발가락을 안으로 옥이고 걸어본다.
한참 걸었다.
돌아보았다.
구불구불 八의 연속이었다.
앙드레 김이 따로 있겠느냐,
시선을 먼 곳에 못 박아 놓고
무릎을 포개듯
걸음쇠 옮겨 놓고 또 옮겨 놓듯
걷고 또 걸어 보았다.
다시 돌아 서 보았다.
이것이다, 이것이다,
어린아이처럼 기뻐하고 있는데
저기 파도가 크게 소리치면서
달려오고 있었다.
"백면서생아, 그것은 일상의
건강한 걸음걸이가 아니니라.
걸음걸이야
좀 흔들만틀 걸어도 되느니라."
걷어 올린 바지가 젖을까만 걱정되어
뭇사람의 발자국이 뒤섞인
마른 모래밭으로 서둘러 올라섰다.
나의 도덕 교육에 내가 피로했다.

# 인도여행

(1)

별러만 오던 인도 여행길에 올랐다.
비행기를 타면 틀림없다고 했다.
차곡차곡 얹혀 앉혀진 좌석에 묶여서
먹고 마시고 군소리 말라는
모이에 길들여지기 시작했다.
그리고도 심심하면
자든지 졸든지
바보상자를 보든지
활자나 읽든지
긴긴 13시간의 유폐(幽閉)
날아오르면 기어내리는 법
인디라 간디 공항
가이드는 이름도 '아름다운 세상'(노사드 알람)
한국어 전공의 네루대 석사과정 1기
나마스테(안녕하세요)
단야와드(감사합니다).

(2)

한반도 넓이의 15배, 11억 인구,
28개 주, 15개의 언어가 말해진다는 나라

초장부터 기를 꺾는구나.
부처님 나신 나라, 타골을 낳은 나라
정치가 메논[4]이 살았던 나라
우리의 멋쟁이 여류 시인 영운(嶺雲)과 사랑을 나눈 그이
6.25전쟁 끝나고 포로 석방 그 후
남도 북도 다 싫다,
우리의 젊은이들이 찾아간 나라
그들은 모두 어디에 있는지.
힌두교, 회교, 시크교, 기독교, 불교, 자이나교
종교의 나라
세 개의 눈을 가진 최고의 시바(Siva)신
세상을 창조한 브라마(Brahma)신
악귀를 죽인다는 화신 비슈누(Visnu)신
신의 나라.

(3)
깨달음을 얻으신 후
5인의 수행자를 데리고 오신 부처님
초전법륜(初轉法輪)의 땅 녹야원(鹿野苑)[5]
중생을 제도하오시려
고난의 길을 자초하셨던 금지옥엽의
모습을 어디에서 뵈올까?

---

4) Menon, Krishan(1897~1974). 인도의 정치가. 1948년 유엔 한국 위원회 의장 겸 인도 대표로 한국에 왔음.
5) 녹야원(鹿野苑) : 鹿野圓 : 사르나드 :Sarnath : 사슴 사는 동네.

훗날 아쇼카왕의 갸륵하신 마음이
임의 뜻을 전탑(塼塔)으로 쌓아 올렸네.

(4)
인류는 신의 자손으로 평등이라 하건만
내 앞에 큰 감 놓으려는 마음은
동서도 고금도 하나인가?
마하트마 간디
그도 카스트(caste)의 희생물 바이샤로 배척받았다던가?
나뉘어 다투니 코끼리가
개미밥이 되었던가?
브라만, 크샤트리아, 바이샤, 수드라
듣기만 하여도 무서운 불가촉천민(不可觸賤民)
주인 자리 빼앗기고
서러운 머슴 노릇 90년의 업보
저 장엄한 72.5m 쿠트브미나를 보아라.
승리한 자의 탑을 보아라.

(5)
갠지스강 일출을 보러
눈 비비며 숙소를 나섰다.
시바신의 머리카락에서 나왔다는 이 강물
높고 높은 설산에서 흘러온 여신
배를 타고 강위에 떠보았다.

저기 불같은 신심으로
이 차디찬 성수(聖水)에 목욕을 한다.
부족하여 헤엄쳐 강을 건너기도 한다.
겐다꽃 촛불 '디아'를 강에 띄워
복을 빌어 보았다.
부질없는 짓, 다 부질없는 짓
저기 강물 흘러오는 곳을 향하여 서서
왼편 까마득한 곳에 붉은 아침 해가 솟아오른다.
죽고 태우고 흐르고 하여도
저기 항하사(恒河沙) 너머
아침 해는 새로이 솟아오른다.
어디 가나 사라사라 기념품을 사라
배를 몰고 와서까지 달라붙는다.

(6)
빨래하는 카트 저기 아래에는
흰 연기로 날아가는 한 줌 인생,
하루 내내 화장 카트
타다 남은 장작 토막과 식어서 더욱 흰 재가
추레하니 누워 있다.
지금 살아서 돌아다니는 이들도 태우려고
통나무 장작더미가 계단마다
높이높이
동글동글 쌓여 있다.

무상(無常)함에 머물러 있을 수만은 없다.
아직 아침 식사 전이다.

(7)
바쁜 걸음인데
사람 둘이 비키기도 좁은 골목에
쿵쿵쿵 걸음걸이도 당당하게
우수(憂愁)를 머금은 순하디 순한 눈에
큰 귀를 늘어뜨린 그가 이마 앞에 다가왔다.
질겁을 하고 비켜섰다.
유유히 걸어가는 뒷모습에서
오늘의 인도 성자(聖者)를 보았다.
가정의 대문에 서면 신심(信心) 도타운 주부
"소 어머니 드세요." 음식 대접 받고
거리에 나서면 쓰레기 보시(布施).
그래도 군말 한마디 없이
초라한 주인집 찾아 돌아와
마른 가슴 드러내어 주인 먹인단다.
이 어찌 성자의 모습 아닌가,
어머니 마음 아닌가.

(8)
공항검색대보다 더 삼엄한
시장 골목 안 사원 입구에서

테러에 대한 오늘의 인도 심경을 보았다.
1400kg의 황금이 씌워졌다는 황금사원
금(金)은 신(神)도 좋아하시나보다.
종교란 무엇인가,
더욱 모르게 되었다.

(9)
사방 8km, 학생 4만 명의 힌두대학(BHU)
가이드는 대학의 규모를
몇 번이고 자랑으로 되뇐다.
땅이 넓으니까 그렇지
먹은 것도 없이 배가 아파
과소평가하려는 옹졸한 나의 소갈머리.

(10)
카마수트라 입구 좌측에 서 있는 두 탑
크기만 다를 뿐
좌측은 석가탑 우측은 다보탑이다.
카마수트라[섹스 방식]
여기가 앙코르와트인가,
서구의 성문화는 저리 비켜라.
가이드가 제의한다.
코끼리가 웃는 모습을 보여 준단다.
출정(出征)하는 군인을 태우고

코끼리가 전쟁터로 가고 있다..
저기 불이 일도록
사랑에 빠진 남녀를
점잖은 코끼리가 보았다.
가소로운 중생들이라고 웃었다.
웃다가 길을 좀 잘못 들었나보다.
등위의 군인이 똑바로 가라고 채찍을 가했는가?
성자 코끼리도 심술이 났다.
등위의 군인을 떨어뜨려버렸다.
발로 밟아 죽이려는 시늉만을 하고 있다.
모시고 가는 주인님을 죽이려는 뜻이 아님은
익살 궂은 표정에서나
들어 올린 발 모습으로 알 수 있었다.
주인님 너는 내 등 높이 앉아 다 보고 즐기면서
나도 좀 흘낏흘낏 보는 것조차 말리는데
심통이 났다 왜.
소가 웃을 노릇을
여기서는
코끼리가 웃을 노릇이었다.

(11)
사랑하는 그녀를 두고 출정하는 청춘
그녀를 그리워 그리워하다
말 엉덩이도 아름다워 사랑[獸姦]을 한다.

성(性)은 성(聖)
성(聖)은 속(俗)과 통하는 것인가?
흰옷의 쇠담바파, 나체의 네감바파
그림으로만도
이야기로만도 용감하다.
다양성 속의 통일
인류의 영원한 과제
다양성이 관용(寬容)에서 비롯함이 아니라
천성(天性)으로 허락됨은 아름다운 것.

(12)
두 눈에 불을 켠 채
어둠이 깔린 야시장 거리를 달리는
차차차들 속에
몸을 맡겨본 바이클 릭사
자동차의 경적, 오토바이들의 아우성, 자전거의 미끄러짐
아무리 친해도 둘 사이에 바람 통할 간격만 있으면
사고가 아니다, 불륜이 아니다.
가난은 죄라 할 뿐 수치는 아니지만
보기 좋은 것도 편리한 것도
자랑은 더욱 아니다.
타국에서도 어깨 펴고 다니는 사람들은
어느 나라 사람들인가 보아라.
청부(淸富)는 좋은 것이여

근검절약하여 쌓인 가멸짐은 좋은 것
기업을 일으켜 쌓은 청부는
뭇사람을 먹여 살리는 좋은 것이여.
나는 나그네로서 잠시
방자(放恣)한 생각에 빠져보았다.
숙소에 돌아와서 보았다.
한 고위(高位) 브라만 집안의 어린 아이를 위한
호사스러운 '문단(mundan)' 행사를 조금 보았다.
병통은 가난함이 아니라
고르지 못함인 것도 보았다.

(13)
고급 호텔 방에서 자고도 병을 얻고
호텔 식사에도 배탈이 나서 드러눕고
양냥이부리는 내 알량한 건강은
낯설고 물 선 남의 나라에 와
총칼로 싸워서 이겨
수십 배 더 큰 땅을 머슴으로 삼은
겉모습 영국신사들께 부끄럽기 그지없었다.
국부(國富) 덜어서 광내는 내 관광은
죄 많은 사람이 또 죄짓는 것
지갑 속 달러를 펑펑 쓰면서
남의 나라 가난하고 불쌍한 사람 생각에
우리에게도 수출할 만큼

역마다 넘치는 노숙자들을 깜빡했다.

(14)
가게 앞을 지날 때 우리에게 하는 말
관광 손님 우리를 부르는 말
'천천히', '천천히'
어느 나라에서는 '빨리빨리'라고 했었는데
나는 부끄러웠다.

(15)
야무나강가의 타지마할(Taj Mahal)
'타지'란 '왕관', '마할'이란 '궁전'의 뜻이란다
무굴제국 황제, 순정의 사나이 샤자한(Shah Jahan)
더없이 사랑하는 왕비 뭄타즈 마할(Mumtas Mahal)
그 애절한 사랑의 이야기
너무 사랑하는 사이는
신이 저주하는 것인가?
너무 구순한 사이는 귀신도
심술부린다던가?
열넷 자녀를 낳고 또 낳다가
사랑하는 왕비가 운명했다네.
전장에 나갔다가 허겁지겁 돌아와
임종을 지키면서 하는 왕의 약속
다시는 장가들지 않겠어요.

화려한 무덤을 만들어 드릴께요.
약속대로 다시 결혼하지 않았어요.
스물두 해의 세월과
수십만 백성들이 흘린 피 · 땀 · 눈물로 하여
밝은 달빛 아래 보면 더욱 아름답다는
'왕관의 궁전'처럼 화려한
사랑하는 당신의 '무덤'을 만들었어요(1631~1653).
다시는 누구도 더 아름다운
'왕관의 궁전' 못 만들도록
만든 이의 두 손마저 잘라버렸어요.
약속할 손 열다섯 자녀 중
두 딸 세 아들만 살아남았고
배반할 수 없는 아들에게 유폐된 샤자한은
강 건너 아그라성(Agra Fort)에서
멀리 왕비의 무덤만을
바라보다가 죽었다네.
죽어서 명명(冥冥)한 속에
그대 왕비 옆에 나란히 누워 있다네.
애닯고도 슬픈 사랑
그들의 사랑이 어디 있는가 둘러보았네.
허공을 나는 앵무새들의 지저귐만이
요란스러울 뿐이었네.

(16)

세상의 범상(凡常)한 부부들아,
남편에게 사랑 덜 받아 가면서라도
소 닭 보듯, 닭 소 보듯 하면서라도
오래 사는 편이 낫지 않소?
왕비처럼 극진한 사랑받다가
서른일곱 이른 나이에
만백성의 호곡(號哭) 속에 죽느니보단
개똥밭에 굴러도
이승에서의 해로(偕老)가 더 좋지 않소?
그러면 세상의 잉꼬부부들이여
지금 그리고 여기서부터 매일은 아니고 가끔
투닥탁 툭탁 사랑싸움 좀 해보자고요.
다만 밤에는 딴방에서 자지 말구요.
한 방에서 바보상자만 보지 말구요.

(17)

자이푸르[pink city]의 색깔은 고와도
쌓느라고 공들인 백성들이 한숨은 어디로 갔는가?
백성의 고혈(膏血) 덕에 라이스탄(임금 사는 동네)은 안전,
음덕으로 그 자손들 벌어먹고 산다니 고마운 일,
성자 코끼리 등에 무엄히도 올라 오른 하늘성(amber fort),
거울의 궁전 촛불 밝혀 반사하게 한
방안 밤풍경이 그럴 듯했겠다.

너무 많은 보석으로 치장하여
일어설 수도 없었다는 왕비
의자에 앉아 궁녀들이 밀고 다녔다는
영화는 어디로 갔는가.

(18)
건기(乾期)라 하지만 목마른 대지(大地)
절대 권력의 궁전을 지킬 해자(垓字)에도 마른 물
소도 목마르고 말도 목마르고
풀도 나무도 흙도 목이 말라
가루로 먼지로 날아오른다,
비여 비여 목마른 비여
애써 가꾼 난공불락의 하늘성(amber fort)도
물이 없어 자이푸르로 옮겼단다.

(19)
곳곳에 가지와 뿌리가 뒤엉켜 오른
넓은 잎의 보리수를 찾아보았네.
그 나무 아래에서
싯다르타(Siddhārtha)의 고행을 생각했네.
슈베르트의 '보리수'[Der Lindenbaum]를 생각했네.
차로 달려도, 달려도 노랑 유채꽃
죄스럽지만 거추장스럽고 치렁치렁한
벗어버려도 좋을 듯한 관념의 옷들

비렁이 자루 찢는 듯한
내 마음에도 엄존하는 카스트 제도들.

(20)
귀국하여 안 소식
인도의 높은 사람 누가 돌아갔단다.
누구였는가, 인도에 있었으면서도
몰랐다 전혀 몰랐다.
오늘날도 등불 아래가 어두운 것인가
말만 듣고 맛도 못본
카주르나무가 있어
마을 이름도 카주라호(Khajuraho)가 되었다는
카주르나무에서 나온
액으로 만든다는 타리술도 맛보고 싶다.
세계적 부호를 낸 인도라는데
가난이 쪼르르 흐르는 초가집 움막
IT 강국의 인도에 신비의 다신(多神) 신앙과
동글납작하게 말려 쌓아놓은 소 차반 땔감
복잡한 교통 도심 한복판을 어슬렁거리는 소들의 산책
아무도 불편하게 여기지 않는 마음
'심장'을 뜻한다는 인도의 '델리'
뉴 '델리'를 다녀와서도 더욱 모르겠다.
늘 껍데기만 살다가는 것이지 뭐
농사를 짓는대도

지표(地表)만 달싹이다 마는 것이지 뭐.
부부로 해로하여 산대도
속속들이 사는 건가 뭐
지하 수천 미터 파 들어간 막장 그곳이라고
백과사전 펼쳐 있었던가?

(21)
아늑한 내 집에 돌아와
입에 착 달라붙는 밥에
감칠맛 나는 김치 고추장 먹으면서 생각했네.
8.15 해방, 6.25 전쟁 후의 불탄 강변을
오늘로 바꾼 이들의 노고를 생각하고
내가 맡아서 한 일을 생각했네.

이제 걱정스러운 마음으로
돈 들여 보고 온
남의 집 창고 넘치도록 빛나는 보물들이
피와 땀 그리고 눈물로 물려준
내 집 초라한 유산들을 업신여길까봐
내 마음에 회초리를 들어야겠네.

(22)
요람 같은 자리에 앉아
먹고 마시며

하늘을 날아가고 날아와서도
힘들어 하는 나는 누구인가.

도타운 불심으로
수만 리 바닷길을 찾아가
순례의 불볕 험한 길을
걷고 또 걸어 육로로 돌아온
남의 나라 당(唐)나라
여든 넘게 살며 큰 일 해낸
오늘도 북극성처럼 보이는
혜초(慧超)스님[6]의 구도정신.

스님인들 어찌 고국 고향이
애타게 그립지 않으셨겠는가?
발이 부르트고
목이 타지 않으셨겠는가?
어찌 발이 아니 부르트고
목이 타지 않으셨겠는가?

---

6) 혜초(慧超 · 惠超 704~787) : 바다로 남양(南洋)을 거쳐 인도 성지를 순례하고 서역(西域)을 돌아 육로로 당나라로 가서 거기서 열반했음. 인도 기행문인 왕오천축국전(往五天竺國傳)은 돈황(敦煌) 천불동(千佛洞:莫高窟)에서 펠리오(P.Pelliot)에 의해 발견되어 현재 프랑스 파리 국립도서관에 보관되어 있음. 여기 혜초의 시 번역은 이석호 역(1972), 「왕오천축국전 · 신라수이전(往五天竺國傳 · 新羅殊異傳)」 (을유문화사), 정수일 역주(2004), 「혜초의 왕오천축국」 (학고재)을 참조했음.

(23)
뜻이 하늘에 닿았는가
기막힌 사연으로
오늘에 전하는 왕오천축국전(往五天竺國傳)
다섯 편의 시가 말하고 있네
쓰지 않고는 견딜 수 없었고
전하지 않고는 원혼일 수밖에 없으셨던가?
남의 나라 당(唐) 나라에서
끝내 숨을 거두셨던
스님의 외로운 혼을 생각했다.

① 급기야 마하보리사(摩訶菩提寺)에 도착하고 나니 (혜초) 내 본래의 소원에 맞는지라 무척 기뻐서 쓴 오언시(于時得達摩訶菩提寺 稱其本願 非常歡喜 略題述其愚志 五言) :

불려보리원(不慮菩提遠) :
보리가 멂을 근심하지 않는데
언장녹원요(焉將鹿苑遙) :
어찌 녹야원이 멀리요?
지수현로험(只愁懸路險) :
다만 매달린 것 같은 길이 험함을 걱정할 뿐
비의업풍표(非意業風飄) :
이미 바람이 휘몰아침도 생각지 않는다.
팔탑성난견(八塔誠難見) :

여덟 탑은 참으로 보기 어려우니
참치경겁소(參差經劫燒) :
어지러이 오랜 세월에 타버렸도다.
하기인원만(何其人願滿) :
어떻게 그 사람의 소원이 이루어질까?
목도재금조(目覩在今朝) :
눈으로 목도함이 오늘 아침에 있도다.

② 남천축(南天竺)의 여행길에서 여수(旅愁)를 읊은 오언시(于時在南天路 爲言曰 五言) :

월야첨향로(月夜瞻鄕路) :
달 밝은 밤에 고향 길을 바라보니
부운삽삽귀(浮雲颯颯歸) :
뜬 구름은 너울너울 고향으로 돌아가네.
함서참거편(緘書參去便) :
편지를 봉하여 구름 편에 보내려하나
풍급불청회(風急不聽廻) :
바람은 빨라 내 말을 들으려 돌아보지도 않네.
아국천안북(我國天岸北) :
내 나라는 하늘 끝 북쪽에 있고
타방지각서(他邦地角西) :
다른 나라는 땅 끝 서쪽에 있네.

일남무유안(日南無有雁) :
해가 뜨거운 남쪽에는 기러기가 없으니
수위향림비(誰爲向林飛) :
누가 고향 계림(鷄林)으로 나를 위하여 소식을 전할까?

③ 삼장성교(三藏聖敎)에 밝고 정통한 중국인 중[僧]의 갑작스러운 병사(病死) 소식을 듣고 슬퍼서 쓴 오언시(于山中有一寺 名那揭羅馱娜 有一漢僧 於此寺身亡 彼大德設 從中天來 明閑三藏聖敎 將欲還鄕 忽然違和 便卽化矣 于時聞設 莫不傷心 便題四韻 以悲冥路 五言) :

고리등무주(故里燈無主) :
고향집의 등불은 주인을 잃고
타방보수최(他方寶樹摧) :
객지에서 보수(寶樹)는 꺾이었구나.
신령거하처(神靈去何處) :
신성한 영혼은 어디로 갔는가?
옥모이성회(玉貌已成灰) :
옥 같은 모습이 이미 재가 되었구나.
억상애정절(憶想哀情切) :
아! 생각하니 애처로운 마음 간절하고
비군원불수(悲君願不隨) :
그대의 소원 못 이룸이 못내 섧구나.

숙지향국로(孰知鄕國路) :

누가 고향으로 가는 길을 알 것인가?

공견백운귀(空見白雲歸) :

부질없이 흰 구름만 돌아가네.

④ 투카라국(吐火羅國)에 있을 때 서번(西蕃-서쪽 변방)으로 들어가는 중국 사신을 만났다. 그래서 넉 자의 운자(韻字)를 써서 지은 오언시(當來於吐火羅國 逢漢使入蕃 略題四韻取辭 五言) :

군한서번원(君恨西蕃遠) :

그대는 서번(西蕃)이 먼 것을 한탄하나

여차동로장(余嗟東路長) :

나는 동방으로 가는 길이 먼 것을 한하노라.

도황굉설령(道荒宏雪嶺) :

길은 거칠고 큰 눈은 산마루에 쌓였는데

험간적도창(險澗賊途倡) :

험한 골짜기에는 도적떼도 많도다.

조비경초억(鳥飛驚峭嶷) :

새는 날아 깎아지른 산 위에서 놀라고

인거난편량(人去難偏樑) :

사람은 좁은 다리를 건너기를 어려워하도다.

평생불문루(平生不捫淚) :

평생에 눈물 흘리는 일이 없었는데
금일쇄천행(今日灑千行) :
오늘만은 천 줄이나 뿌리도다.

⑤ 겨울날 투카라(吐火羅)에 있을 때 눈을 만나 그 소회(所懷)를 서술한 오언시(冬日在吐火羅 逢雪述懷 五言) :

냉설견빙합(冷雪牽氷合) :
차가운 눈은 얼음과 겹쳐 있는데
한풍벽지렬(寒風擘地烈) :
찬바람은 땅이 갈라지도록 매섭구나.
거해동만단(巨海凍墁壇) :
큰 바다는 얼어 편편한 단(壇)이요
강하릉애설(江河凌崖囓) :
강물은 낭떠러지를 능멸하여 깎아 먹누나.
용문절폭포(龍門絶瀑布) :
용문(龍門)엔 폭포조차 끊어지고
정구반사결(井口盤蛇結) :
정구(井口)엔 서린 뱀같이 얼음이 엉키어 있도다.
반화상해가(伴火上陔歌) :
불을 가지고 땅 끝에 올라 노래를 부르니
언능도파밀(焉能度播蜜) :
어떻게 파미르(播蜜 Pamir) 고원(高原)을 넘어갈 것인가?

## 하카타 여행길 이야기

1970년대 '80년대
목포에서 제주도 수학여행 인솔 차 뱃길
몇 년 전 대마도 행 뱃길에서의
멀미를 지레 겁낸 것은
세상 바뀐 것을 몰랐던 탓이었나?
일동장유가(日東壯遊歌)의 신산(辛酸)한 뱃길은 아니어도
뱃길이란 적어도
2층 3층 배의 난간에서 털퍽털퍽
반소화물을 다하여
쓴물까지 바다에 떨어뜨리고
샛노란 얼굴로 선실 여기저기에
쓰러져 누워 있어야 제 맛인 걸.
부산에서 후쿠오카까지
3 시간이 다 안 걸린다면
일제 강점기 관부 연락선 안의
엘리트 일본 유학생들도 놀랄 일이다.
여기가 하카다(博多)인가, 후쿠오카(福岡)인가?
여말(麗末) 정몽주가
선초(鮮初)의 신숙주가 지나간 곳
일제 강점기
'서시(序詩)', '별 헤는 밤', '또 다른 고향'의

어린 윤동주(尹東柱 : 1917~1945)가
차디찬 감옥의 어두운 방에서 죽어간 곳.
해방되던 해 2월에 돌아갔으니
여섯 달만 더 살아 있었더라면
빛을 볼 수 있었을 걸,
살아남은 자들의 욕심이다.
'죽는 날까지 하늘을 우러러
한 점 부끄러움이 없기를
잎새에 이는 바람에도
나는 괴로워했다.'는
칼날 같은 젊은 지성에게
태풍에도 무딘 나의 감성은
부끄러움과 두려움을 함께 느꼈다.
그의 시혼(詩魂)이 고뇌하던 자리는 어디일까,
그 절망의 네 벽이 있던 자리는 어디일까.

저기 노면전차가 꿈속처럼 다가온다.
딸랑딸랑 설렁줄에 매달려
남대문 앞의 전차가 온다.
우리는 모두 걷어버린
남대문 앞의 전차가 온다.
이름이 복강(福岡)이어선가,
뒹굴어도 흙 묻을 걱정 없을 거리에서
나는 심술궂게도

사람 사는 거리가
이렇게 깨끗해도 되는가를 생각하다가
버린 꽁초를 찾다가
화단에서, 길 중앙분리대에서
웃자란 잡초를 찾고서 웃었다.

박물관은 승자의 전시실인가?
살아남은 자의 산실(産室)인가?
한 껍질만 벗기면 우리 아픔의 무덤이었다.
시마바라(무사마을)의
찰찰찰 흐르는 맑은 도랑물은
나 어릴 적
창포(菖蒲) 심겨
소나기 쏟아지면
미꾸라지 새물내 맡고 올라오던 곳.
손을 담가 움켜보아도
살랑살랑 웃기만 하며 흘려내린다.

운젠지옥[雲仙地獄:お糸地獄], 대규환지옥(大叫喚地獄)
유황 냄새 진동하고
펄펄펄 땅속 더운 기운이
하얀 김으로 풀풀풀 솟아오르는 무서운 곳
지은 죄 많아 땅속 유황 지옥이 더욱 두렵지만
저기 바위 녹은 물 조금 식은 땅위에

위태위태하게 서 있는 푸나무들처럼.
철모르는 척 웃으면서
지옥문 지나왔다고
나 카메라 앞에 섰었네.

1945. 8. 9. 11. 02.
인류 역사의 순간, 일본 운명의 순간
나가사키에 떨어진 원자폭탄의 비극
형무소의 간수도 죄인도, 공무원도 학생도, 민간인도
버섯 구름 아래 녹아내렸단다.
유리병에 녹아 내렸는데
물툼벙이 사람이야 그 여린 살결이야
일러 무삼하리요.
힘 있다고 남을 괴롭혀서야
더 힘 있는 자에게 당하는 법
제 땅에서 한 번도 져 본 적 없다는 오만이
한꺼번에 무너진 아픔을 어쩌지.
여기는 나가사키 원폭자료관, 평화공원
공원 정중앙에 남향하여
일본 무사풍으로 앉아 있는 사나이
무딘 나의 눈으로도
무사복만 벗었을 뿐
복수심에 앙앙하는 일본 사무라이였다.
미술과 김 교수의 말은 더욱 정곡을 찌른다.

저 높이 앉아있는 저 사나이의 얼굴 어디에
그 동안 잘못했으니
이제 이웃으로 잘 지내자는
착하고도 순한 마음이 보이는가?
일본의 당용한자(當用漢字) 1945 자의
숨겨진 뜻을 그대 아는가?
내 치통(齒痛)만 아픔이지
이웃의 죽음이야 기정사실이라고?
그러고 보니 정한론(征韓論)의 사이고 다카모리(西鄕隆盛)
그 성미 급한 사나이가 생각난다
그의 출신지가 가고시마이고
그의 뜻에 가세한 무리들이 규슈 사람들이다.
그보다 더 고차원으로 무서운 사나이는
이토히로부미(伊藤博文)란다.
야곰야곰 우리 모르게 뼛속까지 파먹으려 한
그가 더 무서운 이란 것을 나는 몰랐다.
저들 나라의 부국강병을 위해서는 위인이라지만
우리에게는 안중근에 의해 죽어 마땅한 위인이다.
아, 이제 다 용서해야 한다, 저들이 빌면.
그러나 잊지는 말아야 한다.
우리와 우리 후손들의
철없는 나태와 타락을 막기 위해서다.

또 우리의 아픔이 있는 곳을 찾아가야 한다니.

일본의 도조(陶祖)
월창 이삼평(月窓 李參平) 묘비(墓碑) 앞에 섰다.
"17세기 초 아리타(有田) 사라야마(皿山)에서는
일본에서 최초로 자기를 구웠습니다."
묘비 앞에서 우리 모두는
모든 생각을 접고 술 따라놓고 묵념(黙念), 음복
묘비의 윗부분은 누가 왜 깼을까.
다시 이삼평발견지자광지(李參平發見之磁礦地)
일본 전국을 누벼 자기 구울 흙을 찾은 곳이 여기였단다.
모두 파먹은 사과처럼 휑뎅그렁한 분화구 같은 땅
우리는 모두
그 언덕에 서서 물끄러미 내려다만 보았다.
다시 백자(白磁)로 모신
월창(月窓)의 좌상(坐像) 앞에 섰다.
하얀 바지저고리에 버선을 신고 정좌하여
더욱 단아(端雅)한 모습 속에
경계인(境界人)으로서의 수심이
수염에까지 내려와 서려 있었다.
이삼평이 도자기 전쟁의
포로로 붙잡혀 왔느냐?
어쩔 수 없이 향도(嚮導)를 하다가
바다를 건너왔느냐?
이제 그것을 어찌 알 것이냐?
어찌 할 것이냐?

가마로 모시고야 오지 않았을 것이니
월창거사(月窓居士)의 발로 왔을 것이고
현해탄은 배로 건넜을 것이니
월창(月窓)의 발로 온 것은 아닐 것이다.
모진 것이 목숨이니 죽지 못해 산 몸이었다.
조선에서보다야 대접 받으며
새 처자 생겨 새 정 속에 살았겠지만
잊을 수야 차마 없었겠지.
달 밝은 가을밤이면 더욱 몰래 그리운
고국 고향의 부모처자.
통한의 살과 뼈가 묻힌 묘는
산 높은 곳에 있다니,
세상사에 쫓겨 이 서생(書生)
이끼 낀 묘비만 다시 훑어보고 떠납니다.

사가현 가라츠시 가카라시마(加唐島)의 무령왕 축제
궁금한 곳은 무령왕 탄생지
급하고도 급한 산기(産氣)에 쫓겨
금지옥엽(金枝玉葉)이 이 바닷가 굴에서 탄생하시어
저 조그마한 우물에서 씻기셨는가?
예로부터 위인은 그 탄생부터 비범하다 하였지.
두 번 절하여 뵙고 물러나와 몽돌 더미 위에 서서
멀리 백제쪽 바다를 바라보았네.
백제무령왕생탄지(百濟武寧王生誕地) 기념비 제막식

일본식 제례(祭禮)와 백제 후예 식의 합동식
일본 신주(神主)가 접은 종이를 끼어 바치는
사카키(榊)라는 나무는 우리말로 '비쭈기나무'.
예로부터 신성한 나무로서
그 가지를 신전(神前)에 바치는 나무라네.
먹고 마시고 춤추고 노래하고
왕자가 탄생하셨으니 풍악을 울려라!
그 탄생이 이국땅임을 시비하여 무엇하랴 어찌하랴.
가카라시마(各羅島), 가카라시마(加唐島),
주도(主嶋), 오비야우라(オビヤ浦)의 지명(地名) 속에
무령왕 탄생지 천 년 반 너머의 신비가 들었을 듯하지만
나는 궁금증을 여기서 접어야겠네.

나고야성(名古屋城)
17만 일본군, 조선으로의 출정지(出征地)가 여기라고?
우리가 일러 임진왜란 정유재란
이들이 일러 문록(文祿) 경장(慶長)의 역(役)이란 7년 전쟁.
주도면밀한 세월에 걸쳐
큰 돌을 옮겨 성을 쌓고
저들 전국의 무사(大名)들이 모여 칼을 갈고
조총 조준 훈련으로 우리의 목을 겨누면서
20여 만의 인구가 법석대던 것을 꿈에도 모르고
동(東)야 서(西)야 골육상쟁만 일삼고 있었다니
이제 생각해도 통단할 일이다.

또 모를 일이 있다.
임진 정유 재란에서 우리는 충무공 이순신이
노량해전에서 적의 유탄에 맞아 돌아가셨다 하는데
이들 일본인의 책에는 이순신이
일본의 장수
도진의홍(島津義弘)과의 싸움(戰)에서 죽었다고 한다.
사실(史實)과 사실(事實)은 하나일 텐데
자국민의 긍지에 맞추는 것이 역사인가?
나는 역사를 더욱 모르게 되었다.

시카노시마(志賀島) 행
의심스럽기는 하지만
1세기에 중국의 한(漢) 나라에서 내려 준
금인(金印)이 발견된 곳이란다.
그보다 이들 최초의 이민족 침입(侵入)인
1274 · 1281년의 여몽연합군
3만의 내습이 있었던 곳이란다.
일인들이 일러
분에이(文永) · 고안(弘安)의 전쟁(役)이 있었던 곳이란다.
저들의 신풍(神風)이 이기게 하여 주었다고
그들의 코를 더욱 높게 하여
후일 더욱 큰 앙화를 받도록
화를 키워 준 곳이란다.
하늘이 내리는 벌이라서

받아야 할 벌이라면
일찍 받는 벌은
큰 앙화(殃禍)를 막는 방파제란다.
화(禍)도 작은 것을 겪어야
원폭 같은 큰 화를 안 겪는가보다.
그래서 나라나 개인이나
행복의 총량은 다 같다고 하는 것인가?
전자산업이 세계의 고봉(高峯)에 있는 나라에
1250개의 신사(神社)가 있고
물활론(物活論)의 토속신앙이 살아 있는 나라
이것이 내가 네 번째 가 본 일본의 인상이다.

남의 나라에 머물면서
또 남의 나라로 여행 갔다가
머물고 있던 남의 나라로 돌아온
허전한 경험을 그대 가지고 있지 않은가?
여객선 터미널, 내 나라로 가는 배 위, 부산항
점점 가까워지는 내 고향 우리 집.
여행이 아무리 좋아도 돌아가 쉴
내 나라 내 집이 있어서 좋은 것 그 아닌가.

# 첫눈

강헌규 제6시집

발 행 일 | 초 판 1쇄 2009년 11월 25일
수정 증보판 1쇄 2019년 04월 01일
지 은 이 | 강헌규
발 행 인 | 李憲錫
발 행 처 | 오늘의문학사
출판등록 | 제55호(1993년 6월 23일)
주 소 | 대전광역시 동구 대전로867번길 52(한밭오피스텔 401호)
전화번호 | (042)624-2980
팩시밀리 | (042)628-2983
전자우편 | hs2980@hanmail.net
카 페 | cafe.daum.net/gljang(문학사랑 글짱들)
cafe.daum.net/art-i-ma(아트매거진)

공 급 처 | 한국출판협동조합
주문전화 | (070)7119-1752
팩시밀리 | (031)944-8234~6

ISBN 978-89-5669-996-7
값 9,000원

ⓒ강헌규.2019

* 이 책은 교보문고에서 eBook(전자책)으로 제작 · 판매합니다.
* 잘못 제작된 책은 바꾸어 드립니다.

* 이 도서의 국립중앙도서관 출판예정도서목록(CIP)은
서지정보유통지원시스템 홈페이지(http://seoji.nl.go.kr)와
국가자료종합목록시스템(http://www.nl.go.kr/kolisnet)에서 이용하실 수 있습니다.
(CIP제어번호 : CIP2019012715)